Missouri Synod Lutheran Church;

Verhandlungen der zweiten Allgemeinen Pastoralconferenz

der Synode von Missouri, Ohio u. a. St.

über die Lehre von der Gnadenwahl

Missouri Synod Lutheran Church;

Verhandlungen der zweiten Allgemeinen Pastoralconferenz der Synode von Missouri, Ohio u. a. St.
über die Lehre von der Gnadenwahl

ISBN/EAN: 9783337373863

Hergestellt in Europa, USA, Kanada, Australien, Japan

Cover: Foto ©ninafisch / pixelio.de

Weitere Bücher finden Sie auf **www.hansebooks.com**

Verhandlungen

der

Zweiten

Allgemeinen Pastoralconferenz

der

Synode von Missouri, Ohio u. a. St.

über die

Lehre von der Gnadenwahl.

—•—

Fort Wayne, Ind., am 23. u. 24. Mai 1881.

(Als Manuscript gedruckt.)

St. Louis, Mo.
Druckerei des „Lutherischen Concordia-Verlags".
1881.

Erste Sitzung.

Montag Vormittag, den 23. Mai.

Die 2te Allgemeine Pastoralconferenz der Synode von Missouri, Ohio u. a. St. versammelte sich am Montag den 23. Mai um ½9 Uhr in der St. Pauls-Kirche zu Fort Wayne, Ind. Mit einem liturgischen Gottes= dienst wurde die Sitzung eröffnet. Zum Vorsitzer erwählte die Versamm= lung Herrn Pastor C. Groß, zu Secretären die Pastoren J. Fackler und M. Hein, zum Kaplan Pastor Adam Schmidt.

Auf die Anfrage, ob es den Schülern der beiden obersten Klassen des Gymnasiums, sowie Andern aus der Hörerschaft, gestattet sei, den Verhand= lungen beizuwohnen, wurde

beschlossen: Niemand soll als Zuhörer ausgeschlossen sein.

Der Herr Vorsitzer legte hierauf der Conferenz die Frage vor, in wel= cher Weise die Verhandlungen über die Lehre von der Gnadenwahl, die bereits im Herbst letzten Jahres stattgefunden hatten, fortgesetzt werden sollten; ob man in der Besprechung des 11. Artikels der Concordienformel fortfahren, oder die gegen uns erhobenen Einwände besehen und beant= worten wolle, oder welche andere Weise der Besprechung der Lehre man wähle.

Dr. Walther: Der richtige Weg ist der, daß wir im 11. Artikel unsrer Concordienformel fortfahren. Wir haben schon eine klare Darlegung der Lehre von der Gnadenwahl, welche unsre Kirche im Bekenntniß gegeben hat; und zwar indem sie bemerkt, das sei sonderlich für die Nachkommen, damit kein Streit entstehen könne. Man redet jetzt häufig von der Con= cordienformel, als wäre sie dunkel. Nein, sie ist nicht dunkel, sie ist hell wie die Mittagssonne. Es wäre eine Schande für unsere Kirche, wenn sie ein dunkeles, zweideutiges Bekenntniß hätte! Erst durch Glossen wird die Concordienformel dunkel; wenn wir aber bei den Worten bleiben, ist sie hell und klar. Wir dürfen uns diese Waffe nicht aus den Händen winden lassen. Wir sind die Leute nicht, die jetzt, abgesehen vom Bekenntniß, diese Lehre der Christenheit vorlegen könnten. Wir wollen vielmehr treue Be= kenner der Lehre sein, die unsere Kirche aufgestellt hat. Eine schreckliche Verantwortung hätten wir vor Gott an jenem Tage, wenn wir es geschehen ließen, daß unser Bekenntniß zweifelhaft und unsicher gemacht würde; wir raubten damit der lutherischen Kirche der Zukunft einen unaussprechlich herrlichen Schatz!

Past. Allwardt: Ich wünsche auch, daß wir in Besprechung der Concordienformel weiter gehen. Wir haben uns beiderseits freiwillig unter das Bekenntniß gestellt, und so lange jede Partei beansprucht, unter dem Bekenntniß zu stehen, will auch jede darnach gerichtet sein. Wer damit nicht stimmt, ist kein Lutheraner mehr.

Es wurde hierauf beschlossen, den 11. Artikel der Concordienformel den Verhandlungen über die Lehre von der Gnadenwahl zu Grunde zu legen und in der Besprechung desselben fortzufahren.

Past. Stöckhardt: Wäre es nicht das Angemessenste, mit den §§ 5 und 8 anzufangen? Ehe ihr Inhalt zur genügenden Klarheit gekommen war, ging man zu späteren Punkten über und kam darauf nicht wieder zurück. Gerade diese Paragraphen sind grundlegend.

Prof. Crämer: Das war es, was aller Herzen so beschwerte, daß wir auseinander gehen mußten, ohne daß dieses Bekenntniß erfolgt war, daß man sich einfältig zu diesen Worten verstehe. Es ist allerdings von gegnerischer Seite so gehandelt worden, daß wir bis aufs Aeußerste dagegen kämpfen müssen, als ob das Bekenntniß in diesen beiden Paragraphen unklar wäre, und man das rechte Verständniß erst anderswo herholen müsse.

Past. Rohe: Ich glaube, wenn man das Bekenntniß und dasjenige recht verstehen will, was es von dieser Wahl aussagt, muß man sich darüber klar werden, was es unter Wahl versteht; man muß sich den Begriff völlig klar machen, und dann erst kann man das verstehen, was die Concordienformel davon aussagt. In § 5 sagt sie nun davon etwas aus; ebenso in § 8. Sie sagt da, was dieser Begriff für ein Verhältniß hat zu seinem Object im Verhältniß zur Vorsehung. In beiden Paragraphen ist nicht davon die Rede, was die Wahl ist. Die Concordienformel sagt nicht, was sie darunter verstanden haben will, sondern fährt dann in §§ 13—24 fort auszuführen, was ihr die Wahl ist. Sie sagt das nicht einmal, sondern ein halbes Dutzend mal. Erst müssen wir uns klar sein, was die Wahl nach der Concordienformel ist, und dann können wir erst sehen, worüber sie sich erstreckt und was sie für ein Verhältniß zum Object hat.

Dr. Walther: Dem ist nicht so. Sie sagt ganz einfältig und klar schon im § 5, was sie unter Wahl versteht, nämlich die Verordnung zur Seligkeit. Wir wollen uns nichts hineinglossiren lassen. Das ist die Wahl, und nun fragt sich's, wie die Concordienformel haben will, daß die Lehre von der Wahl dargestellt werde. Was sie sei, ist kein Geheimniß, das ist so klar, daß es die ganze Christenheit weiß, aber man versieht es sehr häufig in der Art der Darstellung der Lehre von der Wahl. Vor der Concordienformel hatte man sie oft sehr verkehrt dargestellt. Man hatte nur gesagt, sie sei eine Musterung. Das hatte die schreckliche Folge, daß gottselige Christen in Verzweiflung fielen und fleischliche Menschen in ihrem fleischlichen Sinn und Sicherheit bestärkt wurden. Da sagt die Concordienformel, nachdem sie den Grund gelegt hat, wie man diese Lehre darstellen solle: Wer nur einfach lehrt: Gott hat eine Anzahl Menschen erwählt, die müssen selig werden; andre hat er beschlossen zu verdammen, der lehrt sehr gottlos; anstatt daß er die Leute ihrer Seligkeit gewiß macht, die auf festem Grunde steht, stürzt er sie in die schrecklichste Seelengefahr. — Nach §§ 5 und 8 kommt keine Definition der Wahl mehr vor. Das zu behaupten ist Illusion, ein süßer Traum. Nun kommt vielmehr eine Beschreibung, wie man die Wahl darstellen soll. Da soll man nicht bloß vom geheimen Rath= schluß der Verordnung zur Seligkeit predigen, sondern vor allen Dingen die allgemeine Gnade, die allgemeine Erlösung, die allgemeine Berufung u. s. w.; da soll man predigen von der Bekehrung, Rechtfertigung, Heili= gung, vom Kreuz und endlich von der Herrlichkeit. Wenn man das recht eingeprägt hat, dann kann man auch sagen: Seht, wer nun im Glauben steht, der soll der Verheißung Gottes glauben, daß ihn Gott erhalten und ewig selig machen werde. Jeder Gläubige soll sich für einen Auserwählten halten, d. h. für Einen, den Gott gewiß selig zu machen beschlossen hat. Daneben muß man auch lehren, daß alle die, welche nicht glauben, oder wieder abfallen, selbst daran Schuld sind; daß sie Gott auch hätte zum Glauben bringen und darin erhalten wollen; daß er auch ihnen alle Mittel dazu gegeben und mit seinem Geist ernstlich an ihnen gewirkt habe. Sie seien allein daran Schuld, nicht das, daß Gott ihnen die Wahl versagt habe. — Man sagt von uns, wir lehrten, wenn Einer nicht zum Glauben komme, käme es daher, daß Gott nicht beschlossen habe, ihm den Glauben zu geben. Dagegen verwahren wir uns. Wir können den Zusammenhang freilich nicht begreifen. Das ist das Geheimniß der Bekehrung, was auch in die Lehre von der Gnadenwahl schlägt, ja ein Hauptpunkt in dieser Lehre ist. Wenn ich von der Erlösung predigen würde, würde ich auch nicht blos sagen: Christus hat gelitten, ist gestorben, auferstanden; ich müßte auch lehren, daß der Mensch in Sünde gefallen ist, daß er todt in Sünden ist; das gehört Alles mit hinein; sonst kann die Lehre von der Erlösung · Niemand verstehen. So auch hier. Kein Mensch kann die Lehre vom ge= heimen Rathschluß verstehen, es sei denn, daß Alles gelehrt wird, was in §§ 13 und 14 enthalten ist. Da wird aber nicht gesagt: Das ist die Wahl. Wo steht das? Wenn die 8 Punkte mit den Worten angefangen würden: Die Wahl ist, daß das menschliche Geschlecht erlöſ't, berufen werde u. s. w., dann hätten die Herren Opponenten recht, aber es steht nicht da. Man setze nur nichts hinein, sondern sehe die Worte ganz einfältig an! Hier hat uns unsere Kirche gewöhnt, daß wir das Geheimniß von der Wahl Gottes zur Seligkeit vorsichtiglich darstellen; daß wir Alles hinzunehmen, was man hinzunehmen muß, daß Angefochtene nicht in Verzweiflung und böse Buben nicht in desto größere fleischliche Sicherheit geführt werden. Im § 23 wird das wieder näher bestimmt: „Und hat Gott in solchem seinem Rath . . . . stärken und erhalten wolle."

Prof. Pieper: Es wurde gesagt, man könne von §§ 5 und 8 absehen, wenn man davon handle, was für ein Ding die Wahl sei. Jedenfalls ist das ein ganz andrer modus procedendi als der, den die Verfasser der Con=

corbienformel wollten. Die wollten auch sagen, was die Wahl sei; und um das auseinander zu setzen, hielten sie es zunächst für nöthig, den Begriff Wahl abzugrenzen gegen den Begriff praescientia. Diese geht über alle Menschen, die Wahl allein über die wohlgefälligen Kinder Gottes. Es kann also im Begriff der Wahl nichts mehr vorkommen, was ein weiteres Object hat, als in § 5 angegeben ist. Das muß zugestanden werden. Wird das nicht zugestanden, so muß zugegeben werden, daß die Concordienformel verwirrt sei.

Past. Allwardt: Ich habe nichts dagegen, wenn wir mit §§ 5 und 8 anfangen. Aber man kann nicht sagen, daß § 5 allein die Definition der Wahl sei. Die beiden Paragraphen stehen in Verbindung mit §§ 3. 4. 6. 7. In § 5 finden sich Aussagen über die Wahl; was da ausgesagt wird, gehört schon in den Begriff der Wahl. Aber § 5 darf man nicht allein nehmen, § 8 gehört dazu. § 5 sagt, über wen die Wahl geht, über die, welche selig werden. Ich würde es für Unsinn halten zu sagen: Wahl wird in weiterem Sinne genommen, so daß auch Andere hinzu gehörten. Aber § 8 sagt, daß die Wahl eine Ursache ist, so da unsere Seligkeit und was zu derselben gehöret, schaffet u. s. w. Das muß zusammen genommen werden, und nur in dem Sinn habe ich, und auch Andere, gesagt, daß Wahl in weiterem Sinn genommen werde. § 5 entspricht § 23 und § 8 den acht Beschlüssen. Denn wenn hier steht: „Die ewige Wahl Gottes siehet und weiß nicht allein ... eine Ursache", so entspricht das den 8 Punkten. Der eigentliche Streit= punkt ist nicht, ob das mit hinein gehört in den Begriff der Wahl, oder in die Lehre von der Wahl, sondern ob das, was in den 8 Punkten gesagt wird, blos in Beziehung auf die Auserwählten gesagt wird, oder ob da der allgemeine Gnadenrath gelehrt wird und dann gezeigt, wie es schließlich zu einer Wahl gekommen ist. Ich bekenne mich zu § 5 im vollsten Sinn des Wortes.

Prof. Crämer: Ich bin ganz erstaunt, zu hören, es wäre von gegne= rischer Seite immer gesagt worden, die Concordienformel rede von Wahl nur in einem Sinn. Ich habe gehört, daß gesagt worden ist: jetzt redet die Concordienformel von Wahl in engerm, jetzt in weiterem Sinn. Das ist Thatsache. Stehen unsere Gegner jetzt nicht mehr so, so muß das erst von ihnen zurückgenommen und bekannt werden: wir haben uns geirrt.

Dr. Walther: Wir können uns natürlich nicht gerade auf das be= sinnen, was jede einzelne Person gesagt hat; wir wissen aber, was aus Ihrem Kreis geredet worden ist. Entweder müssen Sie sich von einander lossagen, oder jeder muß auf sich nehmen, was der andere gesagt hat. Das ist gesagt worden: hier findet sich Gnadenwahl in engerem, dort in weiterem Sinn. Das wissen alle, die in Chicago zugegen waren. Wenn Sie jetzt aber sagen: auf diese Weise können wir das, was wir glauben, nicht aus= drücken, so ist es schön; aber Sie sollen die facta nicht leugnen, das wäre doch nicht lauter.

Past. Allwardt: Ist das wirklich die Meinung, daß von unserer Seite gesagt wäre, es würde in der Concordienformel zuweilen in einem zwiefachen Sinne von der Wahl geredet? Das ist nie gesagt worden. Wir haben gesagt, es sei unwidersprechlich, daß in § 5 von der Wahl der Kinder Gottes geredet werde, und soweit sie Personen betrifft, kann man unmöglich von Wahl im engeren und weiteren Sinn reden.

Dr. Walther: Davon war nicht geredet. In Milwaukee ist behauptet worden, daß in gewissem Sinn alle Menschen erwählt wären. Aus den Worten, daß ein Mensch in Christo seine Wahl suchen solle, wurde der Schluß gezogen: also gibt es eine Wahl über alle Menschen. Das hieße aber dem HErrn Christo ins Angesicht widersprechen, der da sagt: Viele sind berufen, aber wenige sind auserwählt. Was da Einer sagt, müssen Sie Alle auf sich nehmen, weil Sie zusammenhalten und auch mit unsern Feinden conspiriren. Das ist nicht unbillig. Sie sind eine Partei und dürfen sich nicht beklagen, wenn wir Sie als Parteiglieder behandeln.

Past. Ernst: Ich weiß davon nichts, daß in Chicago gesagt worden ist: hier ist von Wahl im engern, und da im weitern Sinn die Rede. Prof. Stellhorn hat gesagt: Diese Wahl, von der das Bekenntniß redet, ist eine Wahl, die bestimmte Personen und ein sachliches Object in sich begreift. Einmal tritt aber mehr das persönliche, ein andermal mehr das sachliche Object hervor. Da reden wir nicht von zwei verschiedenen Wahlen, sondern von ein und derselben Wahl. — Man ist doch wohl nicht berechtigt, uns das beizulegen, was in Milwaukee gesagt worden ist, weil darüber kein gedrucktes Protokoll vorliegt. Ich glaube, man könnte das erst dann thun, wenn wir uns zu all dem bekannt hätten. Wenn da gesagt wurde, Alle sollen ihre Wahl in Christo suchen u. s. w., so habe ich das so verstanden, daß die Gnade eine allgemeine ist. Die Gnade der Wahl ist von Christo erworben und erstreckt sich auf alle Menschen. Daß nicht alle auserwählt sind, kommt aus der Schuld der Menschen. Durch Christi Verdienst war es möglich gemacht, daß Alle hätten erwählt werden können. Daß es nicht zur Wahl über Alle kam, kommt daher, daß nicht Alle glauben. Ueber das Zustandekommen des Glaubens brauche ich nichts zu sagen.

Past. J. Große: In dem gedruckten Protokoll wird Dutzende von Malen gesagt, daß Wahl im weiteren und engeren Sinn genommen werde. So Seite 18: „Prof. Stellhorn: Was die Concordienformel . . . im engsten Sinn gemeint sein."

Past. Rohe: Ich erinnere mich ganz bestimmt, daß ich ausdrücklich auf § 9 hingewiesen und gesagt habe, die Concordienformel redet von einer und derselben Wahl; aber von dieser Wahl wird einmal etwas mehr nach dem ersten, und dann mehr nach dem zweiten Theil ausgesagt.

Dr. Walther: Es ist schon in Chicago gesagt worden, daß es unmöglich ist, von einer Erwählung der Mittel zu reden. Wo stehen in der heiligen Schrift, wenn von der Erwählung die Rede ist, als Object die

Mittel? Das ist eine leere Fiction, eine ganz neue Erfindung unserer Zeit. Nein, wo von Erwählung die Rede ist, da heißt es: er hat uns, euch erwählt. Menschen, nicht Taufe, Abendmahl 2c., sind erwählt. Das ist die Weise, wodurch die Gegner Alles in die größte Verwirrung gebracht haben, daß sie nicht einfach dabei blieben, daß die Schrift nur von einer Erwählung zur Seligkeit weiß. Sie wollen eine Lehre in die Concordienformel hinein bringen, die nicht da steht. Möge ihnen Gott in Gnaden helfen, daß sie davon abstehen! Wir bleiben bei der Concordienformel und wenn alle Welt und alle Christen davon abfielen!

Past. D. Hanfer: Wenn man hier Umfrage halten würde, würde man allgemeines Erstaunen und Verwunderung sich aussprechen hören, wie unsere Opponenten es wagen können, in Abrede zu stellen, daß sie diesen Unterschied gemacht haben. Prof. Stellhorn war Stimmführer in Chicago, und bei seiner ersten Darlegung hat er ausdrücklich diesen Unterschied gemacht und auseinander gesetzt. Dann hat er Thesen für die Fort Wayner Conferenz verabfaßt, darin hat er es ausgesprochen, die Concordienformel lehre eine Wahl im engeren und weiteren Sinn, eine ordinatio mediorum und electio personarum. Dann hat er in dem eben erschienenen Pamphlet behauptet, die Concordienformel rede klar und deutlich von der Wahl im weiteren Sinn. Wenn die Gegner hierin nicht mit ihm stimmten, mußten sie es doch sagen. Sie haben es nicht gesagt, sondern die Conferenz unter dem Eindruck gelassen, daß sie mit Stellhorn stimmen. Wollen sie das nicht annehmen, so sollen sie es bekennen.

Past. Allwardt: Ich begreife die Reden nicht, die jetzt fallen. Ich habe heute Morgen gesagt, daß ich diesen Unterschied, daß Wahl manchmal im weiteren, manchmal im engeren Sinne genommen werde, nicht anerkenne. Habe ich etwa so geredet, als ob ich ihn früher anerkannt hätte? Ich habe früher nur dieses gesagt: Die Dogmatiker brauchen das Wort Wahl in einem engeren Sinn als die Concordienformel. Wenn ein Wort verschieden genommen wird, muß man, wenn man ein Buch vor sich hat, welches dieses Wort braucht, sehen, in welchem Sinn es dasselbe nimmt. Und da behaupten wir, die Concordienformel braucht „Wahl" in einem weiteren Sinn, als die Dogmatiker. Dieselbe redet bei der Wahl nicht blos davon, daß Gott gewisse Menschen zur Seligkeit verordnet hat, sondern auch davon, wie Leute gerecht und selig werden. Mehr haben wir letztes Jahr nicht gesagt. Es thut mir leid, wenn unsre Aufrichtigkeit in Zweifel gezogen wird. Wir können Schuld daran sein, weil wir uns vielleicht nicht deutlich genug ausgesprochen haben. Ich würde meine Stellung ganz ehrlich widerrufen, wenn ich sähe, daß ich sie nicht halten könnte. Diesen Ausdruck, „Wahl der Gnadenmittel", halte ich für einen verfehlten und bekenne mich nicht dazu. Ich habe darauf nicht so viel Gewicht gelegt. Die Schrift redet nicht so. — §§ 5 und 8 sind zusammen zu nehmen. Sie reden auch nicht blos von einer Scheidung, sondern auch davon, wie man zur Seligkeit kommt.

Prof. Pieper: Die Paragraphen reden allerdings nicht von Wahl im engsten Sinn, die blos Scheidung ist. Wenn wir von Wahl reden, so befassen wir damit zugleich Alles das, wodurch die Seligwerdenden zur Seligkeit geführt werden, wie die Concordienformel in § 8 sagt. Also gehört zur Wahl nicht blos die schließliche Absonderung, sondern sie faßt die Personen so, daß sie sie in der Heiligung des Geistes und im Glauben der Wahrheit beschließt. Dieses wird zusammengeschlossen im Begriff der Wahl. Was aber das Andere betrifft: wir erhöben eine Beschuldigung, die sich nicht halten ließe, so muß ich sagen, ich kann die Reden der Herren Opponenten nicht anders verstehen, als daß man von Wahl in zweierlei Sinn redet. Man hat gesagt: die wählende Gnade ist allgemein. Ist denn die erwählende Gnade nicht die Gnadenwahl? Ferner ist gesagt worden, in dem ersten von den 8 Punkten sei noch nicht von der Wahl die Rede, später komme es erst zur Wahl. Ich kann daraus nicht klug werden.

Past. J. Große: Ich habe Past. Ernst nicht anders verstehen können, als daß er leugne, daß gesagt worden sei, daß bald von Wahl im engern, bald im weitern Sinn geredet sei. Ich weise dabei hin auf Prof. Stellhorns Aussprache Seite 15 des Chicagoer Protokolls.

Past. Ernst: Es scheint mir, man glaube, wir hätten behauptet, in Chicago wäre niemals von Wahl im engern und weitern Sinn geredet worden. Das behaupten wir nicht. Die Dogmatiker haben davon geredet und das ist erwähnt worden. Wenn ich also ein Buch habe, das von der Wahl redet, muß ich zusehen, wie es redet. Aber darum handelt es sich hier nicht, sondern die Frage ist: Hat Prof. Stellhorn behauptet, die Concordienformel rede einmal von Wahl im weitern und dann von Wahl im engern Sinn, sie habe keinen festen Begriff von der Wahl. Davon ist mir nichts bewußt. Er hat behauptet: Die Concordienformel, wenn sie von Wahl redet, faßt sie dieselbe immer in einem weiteren Sinn. Das geht auch aus Seite 30 des Protokolls hervor. Wir sagen: die Concordienformel redet von einer Wahl, die aus zwei Theilen besteht, aus der ordinatio mediorum und der electio personarum.

Prof. Lange: Prof. Loy in Columbus hat die Lehre unsrer Gegner im zweiten Heft seines „Magazine“ ausführlich dargestellt. Er sagt ausdrücklich, die Concordienformel rede von Wahl im weiteren Sinn, nämlich von der Bestimmung der Mittel zur Seligkeit, die für alle Menschen bestimmt seien; und in diesem Sinn seien alle Menschen auserwählt. Dann rede sie auch noch von einer Wahl im engern Sinn, wo blos die endlich Seligwerdenden Object sein. Das hat auch Prof. Stellhorn vorgetragen. Die Bestimmung der Mittel sei für alle Menschen in der Wahl vorhanden; bei der Wahl im weitern Sinn seien alle Menschen erwählt; und dann gebe es noch eine Wahl im engern Sinn, da seien die gewöhnlich Auserwählte genannt, das Object der Wahl. Das ist klar und deutlich gesagt worden. Unsere Gegner nehmen zwei Wahlen an, die sich im Bekenntniß finden follen. Erkennen unsere Opponenten hier das nicht an, so mögen sie sich erklären.

Past. Rohe: Die Beschuldigung gegen uns ist diese, daß wir die Behauptung aufgestellt hätten, die Concordienformel rede von zwei verschiedenen Wahlen, von einer im weitern und einer im engern Sinn. Ich verweise hin auf Seite 15 des Protokolls: „Wenn ich alles kurz zusammenfasse ... nicht von verschiedenen Gnadenwahlen."

Dr. Walther: Hier redet er nicht von einer solchen Gnadenwahl; aber sonst hat er das behauptet, und seine Thesen zeigen das. Es wurde ihm nachgewiesen, daß die Concordienformel nicht werth sei, ein Bekenntniß zu heißen, wenn sie so confus sei. Ferner wurde nachgewiesen, daß in den 8 Punkten immer von Personen die Rede sei und im Folgenden wieder von Personen. Das ist von den Gegnern wiederholt gesagt worden, die ordinatio mediorum sei der Haupttheil, die Substanz der Gnadenwahlslehre. So sagte Schmidt in Milwaukee, das andere seien Accidentien. Die können ja wegfallen, ohne daß die Sache geändert wird. Wenn unsre Gegner nüchtern wären, würden sie sehen, sie haben sich verrannt. Ich weiß nicht, wie sie gegenüber den Theologen des 17ten und 18ten Jahrhunderts stehen. Einmal bekennen sie sich ganz zu ihnen, sagen: das ist exact unsere Lehre. Dann sagen sie wieder: die haben nur von Gnadenwahl im engsten Sinn geredet. Wenn die Concordienformel aber ihre, angeblich im weiteren Sinn zu verstehende, Lehre abhandelt, sagt sie: Das muß alles hinzu genommen werden; so müssen unsere Gegner, wenn sie consequent sein wollen, sagen: Die Dogmatiker stehen falsch. So heißt es § 24, Seite 708: „Dieses alles wird nach der Schrift ... Verordnung Gottes zu Seligkeit." So sollten sie also selbst sagen: wir können nicht mit den Dogmatikern gehen.

Past. Stöckhardt: In Bezug auf das, was Past. Rohe sagte, ist klar, daß unsere Opponenten in Chicago nachzuweisen suchten, daß in ihrem Wahlbegriff Einheit sei. Sie wollten es sich nicht vorwerfen lassen, daß sie eine doppelte Wahl lehrten. Prof. Stellhorn's Sinn war aber doch der: Die Concordienformel lehrt eine Wahl im weitern Sinn. Sie hat aber zwei Theile. Der eine ist die ordinatio mediorum. Die erstreckt sich auf Alle. Der andere ist die Auswahl der Personen. Den zweiten Theil hat er Gnadenwahl im engern Sinn genannt. Das ist oft gesagt worden, Gnadenwahl im weiteren und engeren Sinn. Man solle es aber als zwei Theile eines Begriffs verstehen. Das hat Prof. Stellhorn fortwährend gesagt, daß die Concordienformel verschieden redet, einmal vom ersten, ein andermal vom zweiten Theil. Wie dann gesagt wurde, das sei ein Widerspruch, drückte er sich so aus: Abgeleiteter Weise könne man auch den ersten Theil beim zweiten mit rechnen; abgeleiteter Weise gehöre auch die Auswahl der Personen zum ersten Theil. Das that er, um die Einheit des Begriffs zu wahren. Bei Licht besehen, kommen aber immer zwei ver=

schiedene Begriffe heraus. Nun sagt Stellhorn fort und fort, Gnadenwahl im engeren Sinn, d. h. der zweite Theil, kommt auch in der Concordien= formel vor. Die Gegner meinen dagegen heute, die Concordienformel rede immer von Gnadenwahl im weitern Sinn, die natürlich immer den engern mit einschließt. Das ist die Hauptfrage, ob die Opponenten diese ganze Eintheilung des Begriffs heute noch anerkennen. Das war uns die Haupt= sache, daß wir uns in diese Unklarheit nicht finden konnten. Diese Unter= scheidung widerspricht der Einheit und Klarheit aller Begriffe.

Past. Allwardt: Es wurde vorher gesagt, daß wir in Widerspruch mit uns selbst stünden, wenn wir sagten, die Dogmatiker lehrten von der Wahl, was wir lehren, und daß sie in einem engeren Sinn von der Wahl reden, als die Concordienformel. Es ist wahr, die Dogmatiker lehren in anderer Weise von der Wahl. Sie sagen, wenn sie kurz davon reden, nicht wie der Glaube erzeugt wird; sie sagen: Gott hat in Ansehung des Glau= bens erwählt. Sie reden in der Lehre von der Wahl nicht davon, wie der Glaube erzeugt und erhalten wird. Die Concordienformel stellt dies mit dar. Das wird in den 8 Punkten gesagt, wie der Mensch zum Glauben kommt, ja wie er erlöst worden ist, wie er erhalten wird bis ans Ende. Da redet die Concordienformel von der Wahl in einem weiteren Sinn als die Dogmatiker; aber wenn die sagen: in Ansehung des Glaubens, setzen sie das alles voraus. Die Concordienformel redet erbaulicher davon.

Past. Ernst: Wir haben nicht gesagt, die Concordienformel rede bald in diesem, bald in jenem Sinn von der Wahl. Wir haben gesagt: wir haben einen einheitlichen Begriff der Wahl. Es ist nur die Frage, ob es uns gelungen ist, dies zu beweisen. Es ist hier behauptet worden, wir hätten gesagt, die Concordienformel rede bald von dieser, bald von jener Wahl, wir gingen mit Unehrlichkeit um. Dagegen muß ich noch einmal aufs geschriebene Protokoll zurück kommen und auf Seite 42 desselben hin= weisen: „Past. Allwardt: Wir müssen uns verwahren . . . inbegriffen sind." Es ist damit bewiesen, daß wir jene Imputation zurückgewiesen haben. Man kann nun noch darüber streiten, ob es bewiesen ist, daß wir einen ein= heitlichen Begriff der Wahl haben; aber darüber kann kein Zweifel sein, daß wir ihn behauptet haben.

Prof. Pieper: Unsere lieben Gegner meinen, daß sie einen einheit= lichen Begriff der Wahl haben. Ich bin fest überzeugt, sie täuschen sich darin. Es gibt wirklich keinen Leim, der diese beiden Dinge zusammen= leimt. Die Wahl nach ihrem ersten und Haupttheil geht über alle Men= schen. Hier werden Personen angeführt, und zwar alle Menschen. Wenn man sagt, die Wahl geht auch über die Auserwählten, so gibt man zu, auch über andere Menschen. Die Wahl nach ihrem zweiten Theil aber geht ihrer Ansicht nach nur über einen Theil von Menschen. Die praevisio fidei stellt eine Verbindung her. Aber die Wahl ist nun blos Schlußresultat. Man darf es daher nicht eine Imputation nennen, wenn wir sagen, die lie=

ben Gegner reden von zwei Wahlen. Sie glauben zwar, sie reden von einer Wahl, aber der einheitliche Begriff schwindet vollkommen.

Past. J. Große: Wäre es nicht besser, die directe Frage an die Gegner zu stellen, ob die Concordienformel in § 5 von der Wahl im weiteren Sinn redet? Und dann wollen wir es bewiesen haben.

Dr. Walther: Es ist ja gewiß den Brüdern bekannt, daß Olearius ausdrücklich sagt, der Württemberger Theologe Thummius habe behauptet, Gott hat alle Menschen auserwählen wollen; das wäre im Grunde Huberianisch. Man könne sagen, Gott habe alle selig machen, aber nicht alle erwählen wollen. Das sei Unsinn. Man könne nicht alle aus allen erwählen. Doch das nur beiläufig. Ich glaube, ich könnte es sagen; aber die den zweiten Lehrtropus haben, können es nicht sagen. Das kann ich auch beweisen. — Sehr Viele glauben in unserer Zeit gar nicht mehr eine Gnadenwahl. Darum reden auch die neueren Theologen nicht davon. Bei Ihnen halte ich es für das $\pi\rho\tilde{\omega}\tau\upsilon\nu$ $\psi\epsilon\tilde{\upsilon}\delta\upsilon\varsigma$, den Grundirrthum, daß Sie sagen: die 8 Punkte beschreiben die Wahl. Ich bitte Sie, wie kann da von Wahl die Rede sein, wenn nicht von Personen die Rede ist, die der liebe Gott wählt? Darin sind wir ganz einig mit Ihnen, diese Lehren müssen erst zu Grunde gelegt werden. Wenn es keine allgemeine Erlösung, Versöhnung, Berufung ꝛc. gäbe, gäbe es keine Wahl, denn Gott hat nicht in den Glückstopf gegriffen, oder wie Leyser sagt, hat die Menschen nicht wie Rebhühner in einen Stall gesperrt, und nimmt nun, wen er gerade greift. Aber die Wahl würde so, wenn man die 8 Punkte wegließe. Wer bei der Gnadenwahl anfängt, nimmt die Spitze zuerst und die Wurzel, den Grund zuletzt. Bedenken Sie doch — ich wollte, ich könnte Sie Brüder nennen, heimlich halte ich Sie doch für Brüder, wenn Sie unsere Gemeinden nicht in Verwirrung setzen — was hülfe es, wenn es Einer wohl meinte und Alle heilen möchte, und gäbe ihnen doch Gift? Und Sie geben Gift, wenn Sie leugnen, daß alle Menschen, welche selig werden, nur selig werden, weil sie Gott um Christi Verdienstes willen und aus Barmherzigkeit zum ewigen Leben bestimmt hat. Diese Wahrheit können wir uns nicht nehmen lassen. Das wollen Sie im Grund nicht, aber Sie thun es mit der That. Wenn so nicht unsere Gemeinden verwirrt würden, würde ich sagen: laßt uns noch zwanzig Jahre disputiren, das soll uns nicht scheiden. Aber „Altes und Neues" wird in unsere Gemeinden hinein gebracht und die Leute werden voll Zweifel. Es entsteht Fanatismus. Wer seinen Prediger nicht leiden kann, sagt, derselbe sei ein Calvinist. Die armen Leute sind oft nicht so weit, um in diesem so tiefen Streit zu entscheiden.

Past. Lindemann: Ich habe mich über die Aussprache Past. Große's gefreut. Ich möchte gerne wissen, mit was für Leuten wir es zu thun haben. Sind wir in ihren Augen falsche Lehrer, die in Calvinismus gefallen sind? Ich möchte auch wissen, ob sie sich zu dem bekennen, was von andern gegen uns geschrieben worden ist.

Präses Schwan: Der Streit, ob das, was die Opponenten sagen, zweierlei Wahl oder eine sei, kommt mir ungefähr so vor: Es fährt ein Zug in den Bahnhof ein. Da erscheint ein Signal, dann wieder ein anderes; so kommt der Zug in Gefahr. Angekommen, fragt man den, der die Signale gab, warum er so verschiedene Signale gegeben, bald roth, bald grün signalisirt habe. Der sagt aber, es ist ein und dasselbe gewesen, es war ein Signallicht, nur ist die eine Seite roth, die andere grün. So machen es auch unsere Opponenten, bald halten sie uns ein rothes, bald ein grünes Licht hin und dann sagt man: das sind blos zwei Seiten desselben Lichts. Aber ich bitte doch die lieben Opponenten, zu bedenken, wie weit sie mit einer solchen Erklärung kommen. Dadurch kann Malheur entstehen, es kann etwas zu Grunde gehen, wenn man so mit Signalen spielt!

Vorsitzer: Sollten wir nun nicht die bestimmte Frage an unsere Opponenten stellen: wie sie die Concordienformel in gewissen Paragraphen verstehen? ferner: ob sie sich eins wissen mit den Professoren Schmidt, Stellhorn, Loy, oder ob sie eine andere Stellung als diese einnehmen? Damit wir, wenn wir mit ihnen handeln, wissen, ob wir sie mit denen in einen Topf zu werfen haben, die unsere Synode von Außen her bekämpfen.

Beschlossen, daß die erste Frage, betreffend den Verstand gewisser Stellen in der Concordienformel, zuerst erledigt werde.

Vorsitzer: Wie ist also § 5 zu verstehen: „Die ewige Wahl Gottes aber . . . zur Kindschaft"?

Past. Allwardt: Erwarten Sie darauf die Antwort von uns?

Vorsitzer: Wir legen Ihnen die Frage vor, was Sie unter den Worten verstehen: „Gottes Verordnung zur Seligkeit"? denn das ist nach der Concordienformel nur ein andres Wort für denselben Begriff.

Past. Allwardt: Wir haben darauf schon geantwortet. Wir finden, daß die Concordienformel nur von einer einigen Wahl redet, und daß es in diesem Paragraphen die Wahl ist, von der das Bekenntniß redet. Aber es meint hier nicht nur die Scheidung, sondern auch, wie Leute zur Seligkeit kommen. Hier ist das nicht ausdrücklich gesagt, aber in § 8 redet es von derselben Wahl. Es sagt, daß die Wahl eine Ursache der Seligkeit ist. Das muß ich in § 5 mit verstehen.

Past. J. Große: Ist hier die Wahl im weiteren Sinn gefaßt?

Past. Allwardt: Im weiteren Sinn. Die Concordienformel redet hier nicht nur von der Sonderung der Personen, sondern mit von Mitteln und Ursachen unserer Seligkeit. Darin sind wir einig, daß in § 5 gesagt wird: die Wahl geht nur über die Leute, die selig werden; aber diese sind erlös't, berufen u. s. w. Also durchweg nehme ich die Wahl in der Concordienformel in einem weiteren Sinn. In § 5 ist nicht ausgesagt, was in § 8 gesagt wird, es ist aber ein und dieselbe Wahl in beiden Paragraphen. Alles ist Gottes Werk, Erlösung, Berufung, Bekehrung u. s. w. Die, welche selig werden, müssen von Anfang bis zum Ende in Gottes Hand liegen.

Kurz: wir verstehen hier Wahl im weiteren Sinn, aber nicht so, daß sie über mehr Personen geht, als die, welche selig werden.

Dr. Walther: Ich habe Past. Allwardt in seiner ersten Antwort nicht anders verstehen können, als daß er geantwortet hat wie die Zwinglianer in Bezug auf Leib und Blut Christi im Abendmahl. Die sagen da nämlich: Es ist der Leib im Abendmahl, den Christus meint. Dadurch bin ich so klar wie vorher. Wir wollen wissen: Halten Sie dafür, daß in § 5 von der Wahl im weiteren oder weitesten Sinn, oder von Wahl im engeren Sinn die Rede ist. Sagen Sie: im weiteren Sinn, so nehme ich das nicht an. Es gibt keine Gnadenwahl der Erlösung, der Taufe, der Predigt, der Berufung u. s. w., also keine Gnadenwahl der Mittel. Wenn Sie von Wahl reden, können Sie nur von einem Act Gottes reden, der sich auf Personen bezieht. Es kann sein, daß wir einander näher stehen, als es scheint; und nach Past. Allwardt's Aussprache will es mir so vorkommen. Das ist es gerade, was wir lehren, daß die Gnadenwahl nicht blos die Erklärung Gottes ist: der soll in den Himmel kommen. Wir lehren, daß der liebe Gott zuerst das menschliche Geschlecht erlös't hat; und im Werk der Erlösung ist aller Menschen Sünde getilgt. Nun kann sich Gott, ohne seine Gerechtigkeit zu verletzen, über das menschliche Geschlecht erbarmen. Nun kann er auch Menschen erwählen zur Seligkeit, nämlich daß sie zur Buße kommen, den Glauben haben, in der Heiligung leben und im Kreuz beharren. Nur daß wir sagen, daß Gott nicht, so zu sagen, wartete, ob Menschen solche fromme Leute sein werden, sondern es selbst zugleich beschlossen hat, diese Gnade dem armen Sünder zu schenken. Wenn wir das lehren, sagen Sie, wir hätten eine Calvinistische Wahl. Aber Sie stimmen doch mit uns überein, daß die Bekehrung allein Gottes Werk ist. Was kann Sie da hindern, die Bekehrung nach der Wahl zu setzen, da sie doch Gott wirken muß? — Es ist zu befürchten, daß eine neue synergistische Partei entstehe. Man sagt, erst muß der Mensch alle diese Bedingungen erfüllt haben, dann macht Gott den Schluß: den will ich in den Himmel nehmen. Da geräth man auf synergistische Wege. Gott könnte keinen Menschen zur Seligkeit erwählen, wenn er nicht beschlossen hätte, in ihm den Glauben zu wirken. Der Glaube gehört in die Gnadenwahl, nur nicht, sofern der Mensch den Glauben in sich erzeugt, oder in sich wirken läßt.

Vorsitzer: Wollte Herr Past. Allwardt nicht kurz auf die Frage antworten: Was verstehen Sie unter dem Wort: die ewige Wahl Gottes, d. i. Gottes Verordnung zur Seligkeit?

Past. Allwardt: Ich nehme das Wort „Wahl" hier in dem Sinn, in welchem es in der ganzen Concordienformel gebraucht wird.

Prof. Pieper: Ich möchte die Frage etwas genauer formuliren. Zu dem Wahlbegriff der Herren Opponenten gehört die ordinatio mediorum. Handelt es sich dabei um mehr Personen als um die, welche Sie hin und wieder die schließliche Auswahl genannt haben?

Gehet die *ordinatio mediorum*, insofern sie in die Wahl hin= eingehört, über mehr Personen als über die Auserwählten?

Past. Allwardt: In § 5 schließe ich den Beschluß der Berufung nicht aus. Es ist ganz klar, daß die Erwählten berufen sein müssen.

Prof. Pieper: Das meinen wir auch stets mit. Wenn wir von Ver= ordnung Gottes zur Seligkeit reden, so verstehen wir auch die Verordnung zur Berufung, Bekehrung u. s. w. mit, aber wir denken bei der Wahl nicht an alle Menschen.

Past. Allwardt: Ich weiß nicht, was ich auf die gestellte Frage ant= worten soll. Ich weiß, es ist nur eine Verordnung: Gehet hin in alle Welt u. s. w. Daß das Wort auch Andern gepredigt wird, kommt bei der Wahl nicht in Betracht; aber es ist dieselbe Berufung, die auch über Andere ergeht. Ich glaube, daß in Punkt 2 die Sache von selbst zur Sprache kommt.

Dr. Walther: Sie müssen immer in Punkt 2 oder 3 oder 4 schlüp= fen, um uns Antwort zu geben.

Past. J. Große: Es ist doch die Frage von Prof. Pieper so gestellt, daß Jeder entweder mit Ja oder mit Nein antworten kann. Wer auf gegnerischer Seite steht und mit Schmidt, Stellhorn und Loy stimmt, wird mit Ja antworten; die Wahl geht noch weiter. Wer die Lehre dieser nicht annehmen kann, wird mit Nein antworten, die Verordnung Gottes zur Seligkeit geht über keinen Menschen weiter, als über die Auserwählten. Denn es ist reiner Unsinn: Gott hat Menschen zur Seligkeit verordnet, die gar nicht selig werden.

Past. Allwardt: Die Frage ist ja sehr einfach. Ich aber habe Furcht, daß ich durch eine Beantwortung mit Ja oder Nein etwas zugeben werde, was ich nicht zugeben kann, nämlich, daß es zweierlei Bestimmung gebe zur Berufung der Menschen. Ich mag nicht so kurz darauf antworten.

Dr. Walther: Kann man Ja sagen, so sagt man getrost Ja. Ich würde den auslachen, der aus meiner Wahrheit Irrthum construiren wollte. Aus Wahrem folgt nur Wahres. — Sie wissen, daß wir es verdammen, daß Gott die Auserwählten auf einem andern Weg zur Seligkeit bringen wollte als alle Menschen. Der Unterschied ist nur dieser: Sie sagen, der liebe Gott muß erst sehen, ob die Leute auch bis zum Ende diesen Weg gehen werden, und dann bestimmt er: ihr sollt in den Himmel kommen. Wir da= gegen sagen: wenn ich in den Himmel komme, habe ich Alles Gottes ewigem Rathschluß zu danken, von Anfang bis zu Ende. Diese reine Gnade leug= nen Sie und wir vertheidigen sie, während Sie uns vorwerfen, wir wären gegen die allgemeine Gnade; und doch wird nirgends in Amerika die Lehre von der allgemeinen Gnade heller vorgetragen, als bei uns.

Past. Allwardt: Ich leugne nicht, daß Gottes Gnade allein uns selig macht. Der Streitpunkt ist blos dieser, ob Berufung, Bekehrung, Erhaltung 2c. aus der allgemeinen Gnade oder aus der Gnadenwahl, als aus einer particulären Gnade, komme. Ueber die Frage schlechthin, ob Gott es ift, der beruft u. f. w., bin ich mit Ihnen einig: nur fage ich, daß die allgemeine Gnade die Quelle des Glaubens ift.

Paft. Stöckhardt: Ich dachte, ob es nicht zur Klarheit diente, wenn man mit dieser Frage auch jene verbindet, die damit zusammenhängt: Ift die Verordnung Gottes zur Seligkeit in § 5 identisch mit dem allgemeinen Gnadenwillen?

Paft. Allwardt: Darauf antworte ich kurz Nein; fonft wäre es nicht die Gnadenwahl.

Die Conferenz wünschte, daß auch die von Hrn. Prof. Pieper formulirte Frage beantwortet werde.

Paft. Allwardt: Es gibt Fragen, die man nicht fo kurz beantworten kann. Der allgemeine Gnadenwille geht über alle Menschen, die Gnaden= wahl geht über die, welche wirklich felig werden. Die Frage zu beant= worten, ift mir gefährlich, weil dabei herauskommen könnte, daß Gott doch in einer besonderen Weise Wort und Sacrament allein für die Auserwählten bestimmt habe.

Man gab hierauf den Herren Opponenten bis zum Nachmittag Zeit, ihre Antwort zu formuliren, und schloß mit dem heiligen Vater Unser, nach= dem Herr Präses Beyer zum Vicepräses der Conferenz erwählt worden war.

M. Hein, Secretär.

Zweite Sitzung.

Montag Nachmittag, den 23. Mai.

In der erften Sitzung ward an die Herren Opponenten folgende Frage gerichtet: „Geht die ordinatio mediorum, infofern fie zur Gnadenwahl gehört, über mehr Perfonen als über die Auserwählten?"

Auf diese Frage äußerte Paft. Allwardt: Ich kann darauf die fol= gende Antwort geben: Die ordinatio mediorum ift eine allgemeine und als folche kommt fie auch bei der Wahl in Betracht.

Darauf beschloß die Versammlung, daß auch die übrigen Herren Opponenten auf obige Frage antworten möchten, und auf die vom Herrn Vorfitzer hierauf erfolgte Aufforderung erklärte

Paft. Ernft: Ich stimme dem vollkommen zu, was Paft. Allwardt ausgesprochen hat. Da die ordinatio mediorum eine allgemeine ift, fo kommt fie auch hier als allgemeine in Betracht. Ich kann nicht anders die Concordienformel auffassen, als daß die ordinatio mediorum als allgemeine hier in Betracht kommt. Das geht vor allem aus dem § 23 hervor. — Bei diesen Worten wurde Paft. Ernft von Seiten der Conferenz unter= brochen, indem ihm gefagt wurde, daß die Paftoralconferenz jetzt keine weitere Auseinandersetzung und Begründung wünsche, fondern nur eine kurze, bündige Antwort auf obige Frage mit Ja oder Nein, worauf Paft. Ernft nicht weiter redete.

Past. Rohe erklärte: Ich muß dieselbe Antwort geben, die Herr Past. Allwardt gegeben hat.

Past. Dörmann: Auch ich gebe dieselbe Antwort.

Nachdem die Herren Opponenten so geantwortet hatten, erklärte Herr Prof. Crämer: Ich kann nicht einsehen, warum man nicht einfach „Nein" geantwortet, sondern dieses „Nein" noch beschrieben und umschrieben hat.

Past. Allwardt: Soll ich darauf eine kurze Antwort geben?

Antwort der Conferenz: Ja.

Past. Allwardt: Ich habe darum nicht einfach „Nein" gesagt, weil in die Frage ein Satz eingefügt ist, dessen Tragweite ich nicht ermessen kann; ich meine den Satz: „insofern sie zur Gnadenwahl gehört."

Past. Stöckhardt: Ist es erlaubt, darauf zu antworten?

Nach erhaltener Zustimmung: Die Sache scheint mir so einfach und leicht verständlich, wie die Frage gemeint ist; aber die Antwort kann ich nicht verstehen. Der Sinn der Frage ist: Von wem ist die Rede, wenn man von der Wahl redet? Von den Auserwählten, oder von allen Menschen? Ist nur von den Auserwählten die Rede, so können doch bei Allem, was von der Wahl angeführt wird, nur die Auserwählten und nicht alle Menschen gemeint sein. Folglich kann die ordinatio mediorum, wenn von der Wahl die Rede ist, auch nur auf die Auserwählten gehen. Sobald wir vom allgemeinen Gnadenrathschluß reden, reden wir von allen Menschen; wenn wir aber von der Wahl reden, so ist nur von den Auserwählten die Rede.

Past. Allwardt: Da kommt eben die heute schon besprochene Sache herein: ob man von einer Wahl zum Glauben reden könne. Wort und Sacrament sind immer gleich, ob sie vor Auserwählten oder Nichtauserwählten sind. Aber das ist die Frage, ob es eine Wahl ist zu den Gnadenmitteln. Es kommen aber nicht blos die Gnadenmittel in Betracht, sondern auch, wie sie gebraucht werden. Es gebrauchen eben nicht alle die Gnadenmittel recht.

Past. Stöckhardt: Ich möchte Ihnen den Vorschlag machen, den Begriff der praedestinatio mediorum einmal auch auf § 5 der Concordienformel anzuwenden und die Worte in diesem 5ten Paragraph darauf hin anzusehen. Da ist die nächste Frage: In welchem Sinn kann doch hier gesagt werden, daß die Wahl, welche die allgemeine ordinatio mediorum in sich schließt, sich erstrecke allein auf die Kinder Gottes, die zum ewigen Leben erwählt sind? Welches ist da der Sinn der Concordienformel? Ich sehe keinen Sinn darin.

Past. Allwardt: Mir scheint das gar nicht schwierig zu sein. Die Erwählten — ich rede von Erwählten in dem Sinn wie Sie — müssen erlöf't, berufen, im Glauben erhalten werden; und die Mittel, die der liebe Gott dazu verordnet hat, sind an und für sich ganz allgemein. Darum werden also die Erwählten durch keine andern Mittel dazu gebracht werden können, als eben durch welche alle dazu gebracht werden sollen. Es bleibt also immer nur ein Theil, der diese Mittel recht gebraucht. Aber wenn ich von der Wahl rede, muß ich von den Mitteln reden, durch welche die Auserwählten dazu kommen. Und ich meine gerade, wenn wir recht unmißverständlich reden wollen, so gehört das dazu, daß gerade bei der Wahl gezeigt wird, daß die ordinatio mediorum eine allgemeine ist und die meisten Menschen nur durch ihre Schuld nicht dazu kommen, die Seligkeit zu erlangen.

Dr. Walther: Ich glaube, die Schwierigkeit ist entstanden durch den Ausdruck: „in Betracht." Das ist ein großes, offenes Scheunenthor. Wer wird leugnen, daß die ordinatio mediorum auch in Betracht kommen kann? Aber das ist nicht die Frage, welche wir hier ventiliren; sondern das ist die Frage: ad quem pertinet, oder auf wen geht die Wahl? geht sie nur über die frommen, auserwählten Kinder Gottes, welche zum ewigen Leben erwählt sind? Ich sehe nicht ein, warum wir nicht bei den Worten des Bekenntnisses bleiben sollten. Das ist freilich gewiß, wenn wir die Lehre von der Gnadenwahl recht darstellen wollen, so müssen wir auch den allgemeinen Gnadenrathschluß lehren. In sofern kommt das freilich „in Betracht." Aber das ist nicht die Frage, was wir Alles lehren müssen, wenn wir heilsam davon lehren wollen, sondern: wen betrifft die Gnadenwahl? Betrifft sie auch solche Menschen, welche nicht selig werden, oder nur jene, die gewißlich selig werden? Wenn Sie das Letztere zugeben, dann nehmen Sie auch diesen Paragraphen (5) an. Es handelt sich nicht um alle die Lehren, welche auch „in Betracht" kommen, sondern um die Gnadenwahl selbst.

Past. Stöckhardt: Wie dieser (5te) § verstanden werden muß, ist klar. Aber jetzt handelt sichs darum: in wiefern stimmt die Definition der Herren Opponenten mit diesem Paragraph, oder wie läßt sie sich überhaupt darin unterbringen? Da heißt es: „Die ewige Wahl Gottes aber vel praedestinatio, d. i. Gottes Verordnung zur Seligkeit, gehet nicht zumal über die Frommen und Bösen, sondern allein über die Kinder Gottes, die zum ewigen Leben erwählet und verordnet sind." Es heißt also: Die Wahl gehet allein über die Kinder Gottes. Das ist dieser Prädestination eigen. Das ist ihr Merkmal: „allein über die Kinder Gottes." Nun bringen Sie ein allgemeines Moment hinein, wenn Sie sagen: als allgemeine kommt die ordinatio mediorum in Betracht. Also dieser Heilsweg kommt hier in Betracht, sofern er für alle Menschen da ist, ja ist der Haupttheil der Gnadenwahl. Also die allgemeine Verordnung der Heilsmittel für alle Menschen, wie kann diese in einer Definition von der Wahl bestehen neben diesem Paragraphen, welcher ausdrücklich sagt: die Wahl geht allein über die Kinder Gottes?

Past. Allwardt: Dürfte ich da eine kurze Stelle aus einem Bericht vorlesen, um zu zeigen, wie das Allgemeine und das Particuläre hier verbunden ist? Der Theologe

Wandalinus schreibt: „Die Prädestination oder Erwählung ist die ewige Handlung Gottes, durch welche er nach dem Wohlgefallen seines Willens und allein um des Verdienstes Christi willen aus der ganzen Masse des gefallenen menschlichen Geschlechtes alle diejenigen Menschen zum ewigen Leben auserwählt hat, von denen er vorausgesehen hat, daß sie durch die Mittel der Seligkeit, welche in der Zeit Allen ohne Unterschied angeboten werden sollten, an Christum, den Erlöser aller Menschen, wahrhaft und bis ans Ende glauben würden, damit sie kraft dieses unfehlbaren und unveränderlichen Rathschlusses und dieser Handlung zu Lob seiner herrlichen Gnade die Seligkeit erlangen."

Da haben wir einestheils die particuläre Wahl der bestimmten Personen: „alle diejenigen Menschen ... von denen er vorausgesehen hat"; und daneben doch die allgemeine Gnade: „Allen ohne Unterschied angeboten werden sollten." Also Wandalin bringt dieses Letztere auch mit herein, und zwar, um zu zeigen, wie die Wahl zwar eine particuläre Wahl, die Gnade aber doch nicht eine particuläre Gnade sei. Wenn ich von der Wahl rede und will zeigen, daß die Wahl durch Schuld der Menschen eine particuläre ist, so gehört das dazu, daß ich die andere Seite hervorhebe: daß nämlich nach Gottes Willen das Heil für Alle bereitet ist.

Past. Ernst: Ich meinerseits kann mich wohl damit zufrieden geben, wenn wir die Einheit des Begriffs so feststellen: Die Wahl umfaßt die media salutis, die gehen allerdings, für sich allein betrachtet, über Alle. Aber als ordinatio mediorum allein ist es noch nicht Wahl. Soll es Wahl sein, so kommt die electio personarum hinzu. Dieser Doppelbegriff geht nun als ganzer über die Personen, die schließlich selig werden. Also als Wahl umfaßt er allein die Personen, welche schließlich selig werden. Durch die Gnadenmittel will Gott Alle herausholen. Das gelingt ihm aber bei nur Wenigen; und das sind, trotzdem daß jene Mittel, jene Rathschlüsse allgemein sind, nur jene Personen, die allein als persönliches Object der Wahl bleiben. Und ich meine, das sagt einmal das Bekenntniß. Dieses stellt einmal diese Rathschlüsse in ihrer Allgemeinheit als erstes Stück der Wahl dar. § 23 sagt ausdrücklich: „Gott habe nicht allein ingemein die Seligkeit bereitet, sondern auch alle und jede Personen ... bedacht." „Nicht allein — sondern auch" — damit faßt das Bekenntniß diese zwei Stücke: Bereitung des allgemeinen Heilswegs und die Auswahl der einzelnen bestimmten Personen zusammen. Würden wir nun annehmen müssen, daß die ordinatio mediorum hier nur in ihrer Beziehung auf die Personen der Auserwählten gemeint sei, so meine ich, müßte es das Bekenntniß gerade umgekehrt ausdrücken. Es müßte heißen: Gott hat nicht nur die einzelnen Personen bedacht, sondern auch Wege und Mittel bestimmt, durch welche er die einzelnen Personen zur Seligkeit führen kann. Da wäre das prius die Auswahl der einzelnen Personen und dann erst — wenigstens begrifflich — folgte die Bestimmung, wie diese einzelnen Personen zum Heil geführt werden sollen. Jener erste Beschluß hätte doch schon Alles bestimmt. Der erste Beschluß hätte sie schon zum Leben angenommen. Da meine ich — man nehme mir das nicht übel — das wäre eine absolute Wahl, wie sie das Bekenntniß verwirft und abschneidet, wenn es sagt: Man soll „nicht also blos in dem heimlichen, unerforschlichen Rath Gottes" die ewige Wahl Gottes betrachten, die Wahl bestünde nicht blos im Vorauswissen Gottes, auch nicht in einer militärischen Auswahl. Nach jener Annahme müßte man die Auswahl begrifflich vor die Bestimmung des Heilswegs setzen. Das verwirft aber das Bekenntniß, welches sagt: „nicht allein ingemein die Seligkeit bereitet, sondern auch ... bedacht." Die Bereitung der Selig=keit setzt es voran, die particuläre Wahl folgt nach. Es verbindet also so den Begriff Wahl zu einer Einheit und die Hilfslinie ist allerdings die Vor=herwissenheit Gottes.

Past. Rohe: In § 8 heißt es: Die ewige Wahl Gottes aber siehet und weiß nicht allein zuvor der Auserwählten Seligkeit, sondern ist auch aus gnädigem Willen und Wohlgefallen Gottes in Christo JEsu eine Ur=sach, so da unsere Seligkeit, und was zu derselben gehöret, schaffet, wirket, hilft und befördert" u. s. w. Auf diese Stelle beruft man sich immer wie=der, um dadurch zu beweisen — hier protestirte Dr. Walther dagegen, daß man jetzt vom 8ten § rede, während wir doch beim 5ten stehen.

Past. Rohe: Da will ich eben hinkommen.

Dr. Walther: Sie sollten das zuerst nehmen, was im Bekenntniß zuerst steht. Das Bekenntniß hat auch seinen Grund, warum es dieses zuerst setzt.

Past. Rohe: Ich habe heute morgen gesagt: Wenn ich einzelne Aus=sagen des Bekenntnisses recht verstehen soll, muß ich zuerst wissen, was das Bekenntniß unter Wahl versteht. Nun sagt das Bekenntniß in § 5 nicht, was man unter der Wahl verstehen müsse, sondern das sagt es erst in §§ 23 und 24. Und in § 5 sagt es blos: über was für Personen die Wahl gehe, „geht ... über", das ist das Zeitwort, auf welche Personen sie sich erstrecke. Also es thut hier eine Aussage von der Wahl, und wenn ich diese Aussage verstehen will, muß ich erst wissen, was das Bekenntniß unter Wahl ver=standen haben will. Dasselbe sagt ja, man solle nichts davon auslassen, wenn man recht davon denken wolle; also nicht blos, wenn man predigen wolle; von dem Gedanken Wahl darf ich nichts ausschließen, sonst habe ich etwas Anderes im Kopf als die Concordienformel. Ein Beispiel: Ich kann sagen, der Mensch ist sichtbar; denn ich verstehe unter Mensch eine Creatur, die aus Leib und Seele besteht. Wenn aber ein Anderer sagt: Mensch ist blos die Seele, und er wollte dann sagen: der Mensch ist sichtbar, so ist das falsch.

Dr. Walther: Weil die Aussage falsch war.

Past. Rohe: Also die Concordienformel versteht unter Wahl die ordinatio mediorum und die ordinatio personarum. Nun sagt die Con=

corbienformel an verschiedenen Stellen etwas aus, das eine Mal mehr nach
der einen Seite, und dann wieder mehr nach der andern Seite. Wie man
ja auch sagt: Christus ist Gott, ist geboren von der Jungfrau Maria u. s. w.,
was eigentlich blos von einer Natur gesagt werden kann. So die Concor=
bienformel in Absicht auf die ordinatio mediorum und ordinatio personarum. Sie sagt von diesem ganzen Begriffe aus: das eine Mal: die Wahl
ist die Ursache unserer Seligkeit 2c., und das andere Mal sagt sie von diesem
ganzen Begriff: sie erstreckt sich nur über die frommen Kinder Gottes. In=
sofern sie also ordinatio mediorum ist, ist sie die Ursache der Seligkeit 2c.
und insofern sie ordinatio personarum ist, geht sie nicht über die Bösen,
sondern nur über die Kinder Gottes, die zum ewigen Leben erwählt sind.

Dr. Walther: Freilich kommt die ordinatio mediorum in Betracht.
Denn wie könnte ich glauben, ich sei erwählt, wenn ich nicht wüßte, daß es
einen allgemeinen Gnadenrathschluß gibt, daß ich ganz gewiß erlös't bin,
daß, wenn ich berufen werde, der liebe Gott anzeigt, er wolle mir seine
Gnade schenken? Also freilich kommt die Heilsordnung in Betracht. Aber
das ist die Frage nicht; sondern: wen betrifft die Wahl? ad quem pertinet, oder über wen geht sie? Denn es ist nicht wahr, daß die ordinatio
mediorum, d. i. die Anordnung der Gnadenmittel, die Wahl sei. Ich be=
greife gar nicht, wie ein Mensch das nur sagen kann: die Anordnung der
Gnadenmittel ist die Wahl. Die Wahl betrifft Personen, nichts anderes.
Eine ganz andere Frage ist die: wie der liebe Gott seine Wahl auszuführen
beschlossen hat. Dieses letztere kommt in § 8 vor.

Prof. Pieper: In der Lehre von der Gnadenwahl kommt auch der
Begriff Bekehrung vor. Wir wollen diesen Begriff einmal herausnehmen.
Es fragt sich, in welchem Sinn kommt hier die Bekehrung in Betracht?
Handelt es sich in der Wahl blos um die Bekehrung der Auserwählten, oder
auch noch um die Bekehrung anderer Menschen, aller Menschen? Wir sagen,
wenn in der Wahl von Bekehrung die Rede ist, so handelt es sich nur um
die Bekehrung der Auserwählten. Ich merke wohl das Bedenken von Past.
Allwardt. Er scheut sich so, die ordinatio mediorum von vorne herein auf
die bestimmten Personen zu beziehen; er will nicht gerne sagen: Gott hat
mich schon von Ewigkeit dazu bestimmt, daß ich berufen, bekehrt werde, zum
Glauben komme u. s. w. Er fürchtet, daß auf diese Weise der allgemeine
Gnadenwille geschwächt werde. Aber diese Weise zu argumentiren ist eine
falsche. Ich bin fest überzeugt, wenn dieselbe durchgeführt wird, kann man
in einer halben Stunde unsere ganze christliche Lehre über den Haufen wer=
fen. Denn man könnte auch bei der Lehre von der Bekehrung so argumen=
tiren. Die Vernunft kann nicht anders als so schließen: Alle Menschen
sind in gleichem Verderben. Nun tritt Gott an diese Menschen heran mit
seiner Gnade. Ein Theil wird bekehrt, ein anderer Theil wird nicht be=
kehrt. Gibt man nicht zu, daß in denen, die bekehrt werden, ein sogenannter
Anknüpfungspunkt sich finde, sondern die Gnade Gottes allein Alles wirke,

so schließt die Vernunft: Gott meint es nicht ernstlich mit der Bekehrung der Andern. So hier. Man scheut sich, Berufung, Bekehrung, Heiligung, Erhaltung durch die Wahl bestimmt sein zu lassen, weil man fürchtet, der allgemeine Gnadenwille werde in den Schatten gestellt. Aber was sagt die Schrift dazu? Die Schrift sagt ganz klar und deutlich, daß der Christ Berufung, Bekehrung, Glaube u. s. w. zurückführen solle auf die ewige Wahl als die Quelle. Die Schrift sagt: „Uns“, uns, diese bestimmten Personen, „hat Gott gesegnet mit allerlei geistlichem Segen in himmlischen Gütern durch Christum. Wie er uns denn erwählet hat . . ., daß wir sollten sein heilig und unsträflich . . . und hat uns verordnet zur Kindschaft“ . . . (Eph. 1.). Indem Gott in der ewigen Wahl die Personen faßte, bestimmte er auch zugleich Berufung, Bekehrung u. s. w. Und gerade daraus schöpft unsere Concordienformel das Tröstliche der Wahl, daß der Christ infolge der Wahl wissen könne, Gott habe schon von Ewigkeit, vor Grundlegung der Welt, seine Bekehrung bedacht, habe beschlossen, ihm den Glauben zu geben. Also gerade das, worein die Concordienformel das Tröstliche der Wahl setzt, das will man zurückweisen. Ich glaube, daß man allen Synergismus vermeiden will. Aber es bringt jene Argumentation auf diese Gedanken: Die Wahl soll in der Schwebe erhalten werden in ihrer Beziehung auf bestimmte Personen. Die Gnade Gottes soll erst in der Schwebe gehalten werden, und sich erst spezialisiren, wenn von Seiten des Menschen der Glaube dazu kommt; oder wenn man gleich weiter gehen will, wenn der Mensch bis ans Ende im Glauben bleibt, d. i. auf Grund des beharrlichen Glaubens.

Past. Engelbrecht: Die Hauptverwirrung haben die Gegner herbeigeführt durch ihren Begriff von der Wahl in einem engeren und weiteren Sinn. Es kommt da ein ganz eigenthümlicher Begriff heraus. Man redet allerdings oftmals von gewissen Dingen in einem engeren und weiteren Sinn. Aber das ist dann ein ganz anderes Ding. Es sind dann gleichartige Dinge da. Z. B. Oesterreich im engeren Sinn, womit Deutsch-Oesterreich gemeint ist. Und Oesterreich im weiteren Sinn, worunter auch die andern, nichtdeutschen Provinzen dieses Reiches zu befassen sind. Es sind aber beide Male gleichartige Dinge, nämlich Provinzen. Nicht anders ist es, wenn man von der Heiligung im engeren und weiteren Sinn redet; man versteht beide Male Handlungen Gottes darunter. Es wäre kein Streit, wenn man ebenso verfahren würde bei dem Begriff der Gnadenwahl in einem engeren und weiteren Sinn. Aber was versteht man unter Gnadenwahl im engern Sinn? Antwort: Eine Auswahl von Personen. Und was versteht man unter Gnadenwahl im weiteren Sinn? Antwort: Die ordinatio mediorum, die Anordnung der Gnadenmittel, also etwas ganz Frembartiges. Man sollte doch wenigstens das eine Mal eine kleinere Zahl und das andere Mal eine größere Anzahl von Menschen nehmen. Dann allein hätte diese Unterscheidung einen Sinn.

Paſt. C. Schmidt: Wäre es nicht beſſer, wenn wir von der ordinatio mediorum jetzt abſähen, bis wir zu § 13 kommen? In § 5 werden zwei Dinge ausgeſagt, 1) die Wahl ſei eine Verordnung zur Seligkeit, 2) ſie gehe nur über die Kinder Gottes. Wäre hier nicht der Ort, die Herren Opponenten zu fragen: Glauben Sie, daß Andere, als die Erwählten, zur Seligkeit verordnet ſind? Dieſe Frage ſollten ſie uns beantworten.

Paſt. Allwardt: Dieſe Frage haben wir ſchon oft verneint.

Paſt. Stöckhardt erhält das Wort, erklärt aber, daß er etwas Aehnliches habe ſagen wollen, was Paſt. C. Schmidt eben geſagt habe, und fährt dann fort: Wir können noch nicht von § 5 weggehen. Damit iſt die Sache nicht geſchlichtet, wenn man ſagt: die Verordnung Gottes geht über die Erwählten. Offenbar iſt nur die Rede von der Verordnung von Perſonen. Die Perſonen ſind genannt. Nun ſind wir zunächſt darin einig: Es ſind nur die beſtimmten Perſonen gemeint, die endlich ſelig werden. Nun frage ich: Mit welchem Recht wird hier in die ewige Wahl Gottes etwas Anderes hineingelegt? Mit welchem Rechte läßt ſich hier eine Wahl der Mittel hineinbringen?

Dr. Walther erhält das Wort, cedirt es aber an Paſt. Allwardt, damit dieſer dem Vorredner antworte.

Paſt. Allwardt: Schon in dem Ausdruck „Verordnung der Kinder Gottes zur Seligkeit" liegt es, daß ich nicht blos von der Verordnung an ſich als einer Handlung reden kann, ſondern auch von dem Ziel reden muß, wozu verordnet wird. Das gehört nothwendig zu dem Begriff „Wahl". Es entſteht ja auch die Frage ganz von ſelber: Wie kommt es, daß nur Etliche zur Seligkeit verordnet ſind? Sie glauben, daß man dieſe zwei Dinge nicht vereinigen könne: die Wahl mit dem allgemeinen Gnadenwillen. Aber ich glaube, daß wir dies nach Gottes Wort wohl können, wenn wir zeigen, wie die Mittel für Alle verordnet ſind. Aber wenn man immer nur Einzelne — die ſchließlich ſelig werden — im Auge hat, bleibt die Sache ganz dunkel. Alſo das Wort „zur Seligkeit" gibt mir das Recht, von etwas mehr als Perſonen zu reden.

Dr. Walther: Auf welchen Begriff kommt es hier an? Auf den Begriff Seligkeit? Nein, ſondern auf den Begriff Wahl. Was heißt Wahl? Was heißt Verordnung? Auf welche Perſonen kann und muß man das beziehen? Das iſt unſere Frage. Das verſteht ſich von ſelbſt: Wo das Wort Seligkeit vorkommt, kann ich eine Menge anderer Gedanken denken vermöge meiner Gedankenaſſociation. Was hat das hier zu thun? Das ſieht ſo aus, wie eine ſchlaue Ausflucht. Freilich kann man von der Erwerbung der Seligkeit reden. Wer nicht weiß, was Seligkeit iſt, den muß man davon unterrichten. Aber das iſt nicht die Frage hier. Das wird vorausgeſetzt. Ich möchte alſo eine einfache Antwort auf die Frage haben: Betrifft die Gnadenwahl allein die auserwählten Kinder Gottes, oder auch Andere?

Paſt. Allwardt: Allein die auserwählten Kinder Gottes.

Dr. Walther: Dann können wir weiter gehen, wenn wir gesehen haben, wie die Andern sich aussprechen. Wenn wir von dem Weg zur Seligkeit reden, welchen die Auserwählten gehen, so reden wir von dem allgemeinen Weg der Gnade, Bekehrung, Buße, des Glaubens, der Heiligung, Beständigkeit im Kreuz. Wir reden da nicht von einem besondern Weg. Das wird auch § 23 ausdrücklich gesagt, daß das der Weg ist, auf welchem die Auserwählten zur Seligkeit geführt werden.

Vorsitzer: Stimmen die übrigen Herren Opponenten mit der Antwort des Herrn Past. Allwardt überein?

Past. Ernst: Ich habe gesagt, daß die Wahl nur diejenigen Personen umfaßt, die schließlich selig werden. Doch habe ich damit noch nicht zugegeben, daß nicht in dem Begriff Wahl auch der andere, der der ordinatio mediorum, liegt. Aber die Personen sind nur die, welche selig werden.

Dr. Walther: Das genügt.

Past. Rohe: Ich erkläre, daß das, was die Concordienformel Wahl, Verordnung nennt, nur über die Kinder Gottes, die selig werden, geht, so ferne es nicht ordinatio mediorum ist.

Dr. Walther: Davon sprechen wir später.

Past. Allwardt: Dies haben wir in Chicago gleich von Anfang zugegeben, daß die Wahl nur über die geht, welche selig werden.

Dr. Walther: Sie sind es gewesen, aber nicht die Andern. Die Andern haben es nicht ausgesprochen; darum glaube ich, daß Sie uns näher stehen.

Past. Ernst: Ich habe es ausgesprochen in Chicago.

Past. J. Große: Ich möchte eine Berichtigung geben. Ich frug Prof. Stellhorn in Chicago, ob er auch die Zeitgläubigen dazu rechne. Er antwortete: Ja. Aber nachher modificirte er diese Antwort: für uns Menschen gehören sie hinein.

Dr. Walther: Er hatte sich versehen.

Past. Allwardt: Prof. Stellhorn hat gesagt: nach der Liebe halten wir sie dafür, nicht begrifflich. Wie ich die Leute als Brüder vor mir sehe, halte ich sie nach der Liebe für Auserwählte; aber das haben wir auch bezeugt, daß sie eigentlich nicht Auserwählte sind.

Dr. Walther: Glauben Sie, wir haben Prof. Stellhorn darnach gefragt? Glauben Sie, daß wir solche sonderbare Brüder sind, die Jemand darnach fragen? Nein! Prof. Stellhorn wußte ganz gut, was gemeint war, nämlich ob die Wahl, von der im 5ten § die Rede ist, auch auf die Zeitgläubigen gehe. Hernach hat er sein Ja so modificirt: für uns.

Past. Stöckhardt: Ich möchte über Eines Auskunft haben. Erstreckt sich die Gnadenwahl allein über die Kinder Gottes? Betrifft die Gnadenwahl in ihrem eigentlichen Sinn des Worts allein die auserwählten Kinder Gottes? In Chicago hat Prof. Stellhorn gesagt, daß in § 5 hauptsächlich der 2. Theil der Gnadenwahl gemeint sei, welcher nur in secundärer

Weise die Wahl ausmache. Das war stehende Rede, daß nur der 2. Theil gemeint sei. Wenn aber gefragt wird, ob die Gnadenwahl allein die Kinder Gottes betreffe, so ist damit gemeint die ganze Gnadenwahl, nicht nur ein Theil derselben. Prof. Stellhorn leugnete das. In Chicago hat er den 1. Theil, nämlich den allgemeinen Heilsweg, den Haupttheil genannt. (Vergl. S. 30 f. der Chicagoer Verhandlungen.) Nach dem Wortlaut hier könnte Prof. Stellhorn nicht diese Antwort geben, wie hier die Herren Opponenten. Er würde sagen: Nach dem 2. Theil erstreckt sich die Gnadenwahl allein über die Kinder Gottes, nach dem Haupttheil aber geht sie über alle Menschen. Also Prof. Stellhorn schließt in den ersten und Haupttheil alle Menschen ein. Wenn daher unsere Opponenten sagen: die eigentliche Gnadenwahl betrifft blos die Kinder Gottes, so ist das wesentlich verschieden. Die Frage ist also: Betrifft die Gnadenwahl in ihrem eigentlichen Sinn blos die auserwählten Kinder Gottes?

Past. Allwardt: Ja. Die Gnadenwahl in ihrem eigentlichen Sinn geht nur über die auserwählten Kinder Gottes. Die Verordnung, der Beschluß, das Evangelium der Welt zu geben, geht über alle Menschen. Aber dieser Beschluß für sich ist noch keine Gnadenwahl. Ebenso der Beschluß, diejenigen, welche berufen sind, zu bekehren, dieser muß auch dazu genommen werden. Aber für sich allein ist das auch keine Gnadenwahl. Es ist wahr, daß die Wahl im eigentlichen Sinn nur über die Kinder Gottes geht. Denn was über die Andern geht, ist eben nicht Wahl. Wenn Einer auch berufen ist, so ist er darum noch nicht zur Seligkeit erwählt. Die Wahl ist ein eigentlicher Beschluß, den Gott in Ewigkeit gefaßt hat. Darum sage ich: Alle die sind nicht erwählt, welche nicht wirklich selig werden.

Dr. Walther: Damit haben Sie uns gerechtfertigt. Das ist nicht Ihre Lehre. Ich bin vollkommen zufrieden.

Past. Allwardt: Es ist mir wunderbar, daß wir mit Einem Mal zusammenstimmen sollen. Wir haben das nie Wahl genannt, auch Stellhorn nicht, daß die Gnadenmittel für Alle verordnet sind. Aber wenn von der Wahl die Rede ist, muß Alles mit eingeschlossen werden, Berufung, Bekehrung, Erhaltung u. s. w.

Dr. Walther: Das lehren wir.

Past. Allwardt: Aber aus einander gehen wir doch.

Dr. Walther: Ich bin zufrieden, wenn Sie nur jenes einmal zugeben. — Sie haben einen Popanz vor Ihren Augen, das werden Sie selbst sehen, wenn Sie werden über die Sache klar sein. Sie scheinen Ernst machen zu wollen gegen den Synergismus. Das ist es auch, was wir wollen. Wir wollen dem Menschen keinen Antheil geben an seiner Seligmachung, sondern dem lieben Gott allein wollen wir alle Ehre geben. Das ist unser Interesse. Wie die Concordienformel sagt: „Durch diese Lehre und Erklärung von der ewigen und seligmachenden Wahl der auserwählten Kinder Gottes wird Gott seine Ehre ganz und völlig gegeben, daß er aus lauter Barmherzigkeit in Christo, ohne allen unsern Verdienst oder gute Werk uns selig macht, nach dem Fürsatz seines Willens" u. s. w. (§ 87.) — Wenn Sie also glauben, darin bestehe die ganze Handlung Gottes, daß er dieses nicht nur wirkt, sondern auch von Ewigkeit es so beschlossen hat: das ists, was wir wollen.

Past. Allwardt: Das hat auch Prof. Stellhorn in Chicago gesagt.

Dr. Walther: Wir wollen nicht über Prof. Stellhorn reden. Er hat gesagt: Die acht Punkte seien die Hauptsache. Da wurde ihm gesagt: Das kommt in der Epitome nicht vor. In dem Auszug mußte das vor Allem genannt sein, wenn es die Hauptsache ist. Eher könnte nach ihm das Folgende als das Vorhergehende weggelassen sein. — Da konnte er nicht antworten.

Past. Allwardt: Herr Prof. Stellhorn kann sich hier nicht verant= worten. Ich will deshalb für ihn antworten. Was Prof. Stellhorn meinte, ist dies: Indem Gott das Evangelium zu geben beschloß, so hat er allerdings die einzelnen Personen, die wirklich die Seligkeit erlangen, im Auge gehabt, hat daran gedacht, es allerdings auf diese zu appliciren. Das sagen wir auch. Aber diese „Wahl zum Glauben" lehren wir nicht; da sind wir nicht einig.

Dr. Walther: Sie glauben eben nicht, was die Concordienformel sagt: „Es werden auch dadurch alle opiniones und irrige Lehre von den Kräften unsers natürlichen Willens ernieder gelegt, weil Gott in seinem Rath vor der Zeit der Welt bedacht und verordnet hat, daß er alles, was zu unserer Bekehrung gehört, selbst mit der Kraft seines Heiligen Geistes durchs Wort in uns schaffen und wirken wolle. Es gibt auch also diese Lehre den schönen herrlichen Trost, daß Gott eines jeden Christen Bekehrung, Gerechtigkeit und Seligkeit so hoch ihm angelegen sein lassen und es so treu= lich damit gemeinet, daß er, ehe der Welt Grund gelegt, darüber Rath ge= halten und in seinem Fürsatz verordnet hat, wie er mich dazu bringen und darinnen erhalten wolle; item, daß er meine Seligkeit so wohl und gewiß habe verwahren wollen, weil sie durch Schwachheit und Bosheit unsers Fleisches aus unsern Händen leichtlich könnte verloren oder durch List und Gewalt des Teufels und der Welt daraus gerissen und genommen werden, daß er dieselbige in seinem ewigen Vorsatz, welcher nicht feilen oder umge= stoßen werden kann, verordnet, und in die allmächtige Hand unsers Heilan= des JEsu Christi, daraus uns niemand reißen kann, zu bewahren gelegt hat, Joh. 10, 28." Nach Ihrer Lehre hat Gott darauf gesehen, wie ich mich aufführen oder verhalten werde. Nach seiner Allwissenheit aber weiß er es voraus; und weil er nun weiß, daß ich mich gut verhalten werde, sagt er: der ist erwählt. Eine schreckliche Lehre! Nein, der liebe Gott hat so Rath gehalten: Wie bringe ich den armen Sünder in den Himmel? Da hat er den Beschluß gefaßt: er will mich zur Bekanntschaft mit dem Evan= gelium bringen, will den Glauben wirken, er will den Glauben stärken, mich

in Versuchung bewahren und wenn ich strauchle, aufheben, mich erhal
bis ans Ende. Das ist mein Trost. Den habe ich mir aus Schrift u
Bekenntniß herausgeholt, und das, scheints, wollen Sie nicht zugeben. G
sagen: Das gehört wohl dazu. Der Mensch muß es aber ausführen, u
Gott sieht zu, ob er es ausführe. Das muß Sie aber ins Verderben hine
ziehen, daß Sie das als Calvinismus zurückweisen, wenn man sagt: G
hat nicht blos an mich gedacht insofern, daß er sich vorgestellt hat, wie
mich verhalte, sondern insofern, daß er beschloß, diese Gnade mir zu ertr
sen, wie er sagt: Ich habe euch von der Welt erwählt. Von der We
sagt er, nicht sagt er: aus den Gläubigen heraus habe ich euch erwäl
sondern von der Welt. Also die Jünger waren erst Weltkinder, lagen
Verderben der Welt, und aus diesem Verderben heraus hat sie der Heile
erwählt. Und das glaube ich auch von mir. Hätte mich Gott nicht
wählt, ich wäre nicht zur Erkenntniß Christi gekommen; ich hätte auch l
Evangelium nicht aufgesucht, wenn es mich nicht aufgesucht hätte. T
alles rechnen wir zur Wahl, nicht nach unsern Gedanken, sondern nach
Schrift. Und das Bekenntniß sagt dasselbe. Vgl. §§ 8 und 23.

Past. Kunz: Es wurde gesagt, daß wir dafür halten und annehm
es komme auf das Verhalten des Menschen an. Da stimme ich nicht
Vielmehr halte ich dafür, wie die Weimarsche Bibel sagt: Daß Gott
HErr habe sein Werk in dem Menschen angesehen und ihn so erwäl
Das andere habe ich nie gedacht und gesagt. Davon sage ich mich los.
ist Gottes freie Gnade. Er hat sein Werk angefangen und sieht die
Werk in dem Menschen an; und von wem er das gesehen und gewußt h
daß er in der Zeit den HErrn Christum im Glauben ergreifen und da
beharren werde, der ist erwählt.

Prof. Crämer: Ich würde mich sehr darüber freuen, daß die Geg
in den Ausdrücken sich uns zu nähern scheinen, wenn nur die Möglich
vorhanden wäre, irgend einen Geist der Wahrheit zu erkennen und ein L
sagen von dem Geist des Irrthums und der Lüge. Herr Prof. Stellh
hat Wendungen gemacht, man sollte es nicht für möglich halten; jetzt spr
er so, jetzt das Gegentheil, hat aber niemals das andere zurückgenomm
So hier. Ich kann mich des Eindrucks nicht erwehren. Zuerst behaup
man auf das steifste: der Haupttheil ist die praedestinatio mediorum
jetzt sagt man wenigstens: ordinatio mediorum. Jetzt sagt man: J
können mit Ja und Nein antworten. Wo verwirft man den ganz falsd
Begriff von der Prädestination, den man früher hatte: daß es nicht ein
und allein bestimmte Personen seien, sondern der Heilsweg und dergleiche
Wie ist das mit dem Geist der Wahrheit zu reimen, daß man zuerst J
thümliches aufstellt und dann etwas Anderes und dann sich wieder dr
und zuletzt sich niemals von den ganz entschiedenen Gegnern lossagt? S
kann keinen Geist der Wahrheit spüren und keine Versöhnung hoffen.

Past. J. Große: Es wäre doch gut, wenn wir uns hüteten, auf di

Weise zu reden. Es macht auf Einen, der im Irrthum steckt und dies und jenes von seinen Aufstellungen noch zu retten sucht, keinen guten Eindruck. Da siehts aus, als ob die Gegner als solche, die es nicht ehrlich meinen, dargestellt werden sollen. Aber diese Intention, die man da dem Gegner zuschreibt, führt nicht zum Ziel. Die Gegner sind nicht im Stande, so ohne Weiteres zurückzunehmen, was sie gesagt haben. Wenn sie überzeugt sind, werden sie sofort Alles widerrufen, was sie gesagt haben; aber jetzt stehen wir noch in der Disputation. Es gefällt mir nicht, daß in dieser Weise geredet wird.

Prof. Crämer: Ich habe nicht von Intention gesprochen.

Past. C. Schmidt: Ich wollte dasselbe wie Herr Past. Große sagen. Ich stimme nicht zu solcher Weise zu reden. Sodann möchte ich darauf aufmerksam machen, ob es nicht besser wäre, wenn wir diese Unterredung an den Ort verwiesen, wo sie hingehört. § 5 sagt nur dies: daß Gott die Kinder Gottes verordnet habe zur Seligkeit. Die Opponenten haben zugegeben, sie stimmen zu. Da sollten wir weitergehen.

Past. Ernst: Wenn vorhin bemerkt wurde, wir hätten diese oder jene Ausdrucksweise fallen lassen und schienen uns dem Begriff zu nähern, welchen die Mehrheit von der Wahl hat, so kann ich das für meine Person nicht zugeben. Ich stehe so: die ordinatio mediorum bleibt als erster Bestandtheil der Wahl stehen, nicht blos als Art und Weise, wie die Erwählten zum Heil geführt werden sollen. Ich meine, daß hier der allgemeine Heilsweg als solcher in Betracht kommt. Und wenn ich Past. Allwardt recht verstanden habe, so hat er nichts Anderes gesagt, als daß alle acht Punkte als Theile der Wahl im Sinn der Concordienformel gelten. Aber ohne den letzteren Beschluß, der sich auf die Personen bezieht, würde die Concordienformel dieses nicht Wahl nennen. Aber alle diese Beschlüsse zusammen nennt die Concordienformel Wahl, und ich kann mich des Eindrucks nicht erwehren, daß die Concordienformel dies sagen will. Sie sagt klar und deutlich: „daß die ganze Lehre von dem Fürsatz, Rath, Willen und Verordnung Gottes, belangend unsere Erlösung, Beruf, Gerecht- und Seligmachung, zusammengefasset werde" (§ 14) in der Lehre von der Wahl, und nennt als letzten der aufgeführten Beschlüsse die electio personarum. Ich stehe nicht so, daß ich sagen würde: es war verkehrt, daß wir die ordinatio mediorum und die electio personarum zusammenfaßten zu Einem Begriff und das als den Begriff der Concordienformel von der Wahl verstanden.

Past. Strieter: Ich wollte nur, bevor wir weiter gehen, zeigen, daß Prof. Stellhorn und wir nicht stimmen. Prof. Stellhorn hat gesagt: alle Menschen werden berufen. Auf der ersten Station gehen viele ab, auf der zweiten wieder viele, auf der dritten wieder u. s. f., und endlich auf der letzten Station erst applicire Gott die Heilsgnade jedem Einzelnen, und diese Application sei die Wahl. Wir sagen, weil Gott mich erwählt hat, darum hat mich Gott berufen, bekehrt, erhalten. Er sagt umgekehrt: Weil der Mensch auf diese letzte Station kommt, darum applicirt ihm Gott die Wahl.

Vorsitzer: Wäre es nicht viel besser, Prof. Stellhorn ganz aus dem Spiel zu lassen? Das ist Thatsache, daß die mündlichen und schriftlichen Aussagen Prof. Stellhorns nicht mit einander in Einklang zu bringen sind. Früher redete er anders als jetzt und besonders schreibt er jetzt anders, als er früher gesprochen hat. Mit Prof. Stellhorn würden wir unter Umständen in der Synodalconferenz zu handeln haben. Wir sollten unsere Opponenten, die zu uns gehören, dahin drängen, daß sie erklären: Wir wollen nicht identificirt sein mit Prof. Schmidt, Stellhorn und Loy, sondern wollen beurtheilt sein nach unsern eigenen Aussagen. Dann kämen wir weiter. Und wenn wir dann den Brüdern die Frage vorlegen: Glaubt ihr, daß in § 5 dies und nichts Anderes erklärt ist, können wir weiter gehen. Das Uebrige findet sich bei § 8. Ich meine, sie sollten alle reservationes mentales zurücklassen und so sich erklären, daß wir es verstehen und sie bei ihrem Worte fassen können. Wozu immer diesen Ausdruck: „Wahl im Sinn der Concordienformel"? Wenn sie sagten: die Concordienformel redet nur von Einer Wahl, dann brauchte man nicht hinzuzufügen: die Wahl im Sinn der Concordienformel. Es gibt keine andere und diese Wahl ist die Verordnung zur Seligkeit, welche geht über die auserwählten Kinder Gottes. Wenn sie das rund heraus sagten: das ist auch unsere Lehre, so würden wir viel eher zum Ziel kommen. Ich meine, die Brüder kennen uns gut genug und können wissen, daß wir keine von den Lehren festhalten, die spezifisch Calvinisch sind. Daher sollten sie sich nicht scheuen, mit uns einhellig sich zu § 5 zu bekennen, und sollten nicht denken: geben wir das hier zu, so ziehen sie uns später den Strick über dem Kopf zusammen. Das scheint mir das einzige Bedenken zu sein, das sie haben: wenn sie hier etwas zugäben, hätten sie Alles verloren. Nun, wenn sie nicht mit uns rund heraus sagen können: hier in § 5 ist die Wahl Gottes als Verordnung zur Seligkeit, die nur über die frommen, Gott wohlgefälligen Kinder Gottes geht, bekannt und verstanden, so wäre es am besten, sie sagten: Wir haben einen andern Begriff von der Wahl, als die Concordienformel hier angibt. Aber dieses Hin= und Herreden will mir nicht gefallen.

Past. Allwardt: Ich habe es oft erklärt; warum soll ich es noch öfter erklären? Ich komme darüber nicht hinweg, man soll alle diese Punkte zusammenfassen. Wir bekennen uns beiderseits zu § 5. Der Streitpunkt liegt darin, ob in jenen Punkten, die man alle auch mit hineinnehmen muß, die Rede ist von der Berufung u. s. w. schlechthin, oder in Bezug auf die Auserwählten. Wir leugnen nicht, daß die Wahl über die Kinder Gottes allein gehe, sonst würden wir ja dem Bekenntniß widersprechen. Ich sehe keine Ursache, warum wir uns hier aufhalten. Ich erkläre nochmal: Die Wahl geht nur über die, welche gewiß selig werden, und nur die Auserwählten werden selig.

Past. Stöckhardt: Es wäre sehr schön, wenn wir uns über diesen Paragraphen einigen könnten. Aber ich sehe keinen Gewinn darin, daß wir weiter gehen; denn es geht aus Allem hervor: Wir verstehen diese Worte anders als die Opponenten. Wenn wir über den Wortlaut dieses Paragraphen einig wären, dann würden wir über alles Uebrige einig. Natürlich bekennen Sie den Wortlaut des 5ten §; das steht ja da. Die Frage ist hier, ob in § 5 mit dem Wort „ewige Wahl Gottes“ oder „Verordnung zur Seligkeit“ nur die Personenwahl genannt ist und nichts Anderes. Da würden Sie sagen: Auch etwas Anderes.

Past. Allwardt: Ich will eine Gegenfrage stellen: Fassen Sie die Wahl wie das Bekenntniß? Man soll nach demselben Alles zusammen nehmen. Fassen Sie das Wort Wahl in § 5 in diesem Sinn? Sie sollten mit Ja oder Nein antworten! Da liegt die Schwierigkeit! Es heißt: „daß die ganze Lehre von dem Fürsatz, Rath, Willen und Verordnung Gottes, belangend unser Erlösung, Beruf, Gerecht= und Seligmachung, zusammengefaßt werden“ müsse — fassen Sie das alles zusammen und verstehen Sie es darunter, wenn es hier in § 5 heißt: Wahl?

Past. Stöckhardt: Ja, ich verstehe das alles darunter, nämlich in Bezug auf die Auserwählten. Das Wort Wahl bezieht sich auf diese bestimmten Personen.

Past. Allwardt: Auch die Erlösung? Ich frage, umfaßt das Wort Wahl in § 5 auch die Erlösung?

Past. Stöckhardt: Sie fassen das allgemein, und bei uns deckt sich Wahl mit den bestimmten Personen der Auserwählten. Die Erlösung ist die Grundlage des Wahlrathschlusses. Wir stellen die Erlösung nicht parallel mit Berufung u. s. w.

Past. Allwardt: Aber das steht hier in § 14: „die ganze Lehre . . . und Seligmachung.“ Da ist kein Unterschied gemacht. Und da kommt der Streit herein. Hier ist eigentlich die Streitfrage, nicht in § 5.

Past. Stöckhardt: Es deckt sich bei uns die Wahl mit den bestimmten Personen. Aber wenn Sie die Heilsmittel hineinbringen, insofern sie für Alle da sind, das widerspricht dem „allein über die Kinder Gottes.“

Past. Allwardt: Die Erlösung wird gerade so aufgeführt, wie die andern Stücke auch.

Past. Stöckhardt: Wer leugnet das? Aber nur insofern sie sich auf die bestimmten Personen bezieht, gehört sie in die Lehre von der Wahl.

Vorsitzer fragt die Conferenz, ob dieses Zwiegespräch so fortdauern solle, und erhält die Antwort: Nein.

Prof. Pieper: Wir sind allerdings durchaus nicht einig in dem Verständniß von § 5, und wenn wir jetzt weiter gehen, wird es ein Hin= und Herreden werden, ohne daß wir weiter kommen. Die Hauptdifferenz liegt in § 5. Past. Allwardt hat es einmal aufgegeben, die ordinatio mediorum, insofern sie allgemein ist, in die Gnadenwahl hineinzunehmen, und dann hat er es wieder gethan. Er hat einmal gesagt: Insofern die ordinatio mediorum Alle angeht, gehört sie nicht in die Wahl hinein, sondern nur insofern sie die Auserwählten angeht. Die Differenz kommt am klarsten zu Tage bei dieser Frage: Bezieht sich die ewige Wahl Gottes auch zugleich auf die Berufung, Bekehrung, Glaube u. s. w. Anderer als der auser= wählten Kinder Gottes, oder nur auf die Berufung u. s. w. der bestimmten Personen, die gewißlich selig werden? Wird Letzteres verneint, dann faßt man die Wahl so, daß sie nicht blos geht über die wohlgefälligen Kinder Gottes, sondern faßt sie weiter. Was aber den Ausdruck betrifft: Wahl zur Bekehrung, Berufung u. s. w., so ist schon wiederholt hingewiesen auf § 45 der Concordienformel. Daselbst heißt es, die Wahl gebe diesen Trost, daß ich wissen kann, Gott hat schon von Ewigkeit mich bedacht mit der Be= kehrung u. s. w., ehe der Welt Grund gelegt ward, Rath gehalten, wie er mich zur Bekehrung, Gerechtigkeit und Seligkeit bringe und darinnen erhalte. Wenn Past. Allwardt sagt: „Wahl zum Glauben" kann ich nicht sagen, so liegt es klar auf der Hand, er befindet sich im diametralen Gegensatz zum Bekenntniß. Das Bekenntniß sagt: Gott habe von Ewigkeit Rath gehal= ten und in seinem Fürsatz verordnet, wie er mich zur Bekehrung, d. i. zum Glauben bringe; Past. Allwardt sagt: man soll nicht reden von einer Wahl zum Glauben. 1 Petr. 1, 2. wird von den Gegnern so gefaßt: Erwählt zum Gehorsam, worin der Glaube eingeschlossen ist. Ist aber der Glaube da eingeschlossen, so ist zugestanden, daß der Ausdruck: „Wahl zum Glau= ben" Schriftausdruck ist. Und wir können nicht von diesen Ausdrücken weichen. Es sind nicht unsere Ausdrücke, sondern geoffenbarte Glaubens= wahrheiten. Das hängt alles mit § 5 zusammen. Wenn man § 5 faßt, wie die Worte lauten, die Wahl ist die Verordnung zur Seligkeit, die Ver= ordnung, welche sich allein über die Kinder Gottes erstreckt, so ist dies klar, es ist nicht blos die Verordnung zum Endziel, sondern auch die Verordnung zum Weg. Faßt man diese Verordnung allgemein, so ist es nicht mehr eine Verordnung der Kinder Gottes. Dabei müssen wir stehen bleiben.

Past. Brauer sen.: Ich kann nicht begreifen, wie man in § 5 die ordinatio mediorum hineinbringen kann. Hier ist die Definition: „Ver= ordnung zur Seligkeit", das können doch nur Menschen sein! Es ist ein Unsinn zu sagen: auch die Gnadenmittel seien eingeschlossen. Z. B. die Taufe! Die Taufe soll selig werden! Die Berufung soll selig werden! Es ist doch nur von der Seligkeit der Menschen die Rede. Wer soll selig wer= den? die Kinder Gottes. Das ist doch eine Definition. Was ist die Wahl? Verordnung der Kinder Gottes zur Seligkeit. Hier ist gesagt: Kinder Gottes sind erwählt. Die Heilsmittel aber sind Mittel, durch welche die Kinder Gottes zur Seligkeit kommen. Ich kann nicht verstehen, wie man da etwas hineinschieben will, während wir die Definition aufs klarste haben.

Past. Rohe: Es ist wiederholt gesagt worden, daß sich in der Epitome nichts von den acht Punkten finde. §§ 9—12 der Solida Declaratio ist

kurz zusammengefaßt in § 5 der Epitome. §§ 13—24, welche die ausführ=
liche Begriffsbestimmung enthalten, sind zusammengefaßt in §§ 6 und 7 der
Epitome. Da ist alles, was in den acht Punkten steht, zusammengefaßt.
Ueberdies sagt die Concordienformel: Wenn man recht von der Wahl
denken wolle, müsse man Alles zusammennehmen. Nun hat aber Past.
Stöckhardt vorher gesagt: die Erlösung gehöre nicht dazu. Dann: Beru=
fung, Seligmachung sei der Weg, also wieder nicht die Wahl. Somit
nimmt er das erste und diese andern Stücke hinweg, während doch die Con=
cordienformel sagt: Diese Stücke solle man alle zusammenfassen, das sei
die Wahl.

Past. D. Hanser: Um derer willen, die nicht in Chicago waren und
darauf angetragen haben, man solle mit der bloßen Erklärung der Gegner
— daß sie sich auch zu § 5 bekennen — zufrieden sein, möchte ich erinnern,
daß wir in Chicago zwei Tage über diesen Punkt disputirten, und daß von
unserer Seite gesagt worden ist: hier sei die Definition, hier wolle man
stehen bleiben. Wir disputirten aber zwei Tage vergeblich und konnten
die Gegner nicht zu dem Zugeständniß bringen: hier sei die volle Definition
der Wahl. Man ist dann weiter gegangen und die Folge war: man kam
keinen Schritt weiter. Wir wollen also dieses Experiment nicht nochmals
machen. Die Gegner selbst haben gesagt: es kommt Alles darauf an, was
wir unter dem Begriff Wahl verstehen. Wir verstehen darunter: die Ver=
ordnung der Kinder Gottes zur Seligkeit. Dies allein. Wenn sie sagen:
diese Definition nehmen sie auch an, sofern Personen gemeint seien, so ist
das an sich recht; aber wir sind damit nicht zufrieden. Denn die Verord=
nung der Kinder Gottes zur Seligkeit ist ihnen nur ein Stück der Wahl.
Die Gegner müssen nichts mehr und nichts weniger zugeben als: das sei
der volle Begriff der Wahl: Die Verordnung der Kinder Gottes zur
Seligkeit.

Dr. Walther: Es ist gesagt worden, die Epitome enthalte doch die
acht Punkte. Zuvor hatten sie gesagt: es sei wichtig, daß die acht Punkte
erst kämen als ordinatio mediorum, hernach aber die Wahl der Personen.
Nun käme es aber hinterdrein. Uns wurde gesagt: Wenn es hinterdrein
käme, dann hättet ihr Recht. Jetzt heißt es aber: die Epitome hat es
zwar vorher nicht, aber hinterdrein. So schlagen sie sich selbst. Nein,
was die Epitome sagt, sind nicht die acht Punkte, sondern das ist, was in
der Solida Declaratio später folgt, von § 25 an. Wenn Einer fragt, ob
er sich für seine Person der Gnadenwahl trösten könne, da muß ich wissen,
daß ich einen Heiland habe, daß ich erlös't bin, durch den Glauben gerecht
und selig. Die Allgemeinheit der Gnade muß ich kennen. Das handelt
nicht von dem Begriff der Wahl, sondern was nöthig ist von meiner Seite,
wenn ich mich der Gnadenwahl getrösten will. Das darf man nicht ver=
mischen. Ebenso vermischt man, was § 13 gesagt wird: Wenn man von
der Wahl recht gedenken oder reden will, soll man sich gewöhnen, daß man

nicht von der bloßen heimlichen . . . Vorsehung Gottes speculire u. s. w. Da wird nicht gesagt, daß das alles die Wahl sei. Was die Wahl sei, wird im Anfang gesagt: Verordnung der Kinder Gottes zum ewigen Leben. Aber wir werden gewarnt, daß wir nicht von der bloßen Wahl reden, wenn wir auf der Kanzel davon reden; da würden wir nur Unheil anrichten. Vielmehr müssen wir da zu Grunde legen die Lehre von der Erlösung. Und dann kann man sagen: Seht, Gott hat verordnet, die gläubigen Kinder Gottes so zur Seligkeit zu führen, wie in den acht Punkten steht. Hier in diesen acht Punkten wird nicht von der Gnadenwahl geredet, sondern was man zu Grunde legen muß, wenn man von der Gnadenwahl reden will, damit man nicht in die Verkehrtheit falle, in die vorher Viele fielen, auch gute Leute, die so davon geredet haben, als wenn Alles gesagt wäre, was zu sagen wäre: die Einen sind erwählt, die müssen selig werden, die Andern sind nicht erwählt, die werden verdammt. Das wäre schrecklich, wenn ein Prediger nichts weiter predigen wollte. Nein, sagt die Concordienformel, dadurch würdet ihr Verzweiflung oder fleischliche Sicherheit erzeugen. Nein, wenn ihr wollt recht und mit Frucht davon reden, sollt ihr euch gewöhnen, daß man nicht blos u. s. w. Man bedenke, daß es heißt: man soll s i c h g e w ö h n e n. Wenn es zum Begriff Gnadenwahl gehört, sage ich nicht: du mußt dich „gewöhnen". Wo steht aber ein Wort, daß die Gnadenwahl d a r a u s b e s t e h e? Das ists, worum es sich handelt. Kein Wort steht da, daß die Gnadenwahl d a r i n b e s t e h e. Ich darf die Lehre von der Gnaden= wahl nicht anders treiben, als in Verbindung mit der ganzen Heilslehre, oder ich werde ein Mörder der Seelen. Aber Sie stellen sich vor, als stünde da: Und zwar ist die Gnadenwahl 1) die Berufung, 2) die Recht= fertigung u. s. w. Kein Wort steht davon da; sondern: wenn ich von der Gnadenwahl will recht reden, so muß ich auch von jenen Punkten reden. Da wird also die Lehre von der Gnadenwahl v o r a u s g e s e t z t. Sie sagen, es handle sich nur um die ordinatio mediorum. Aber man sehe § 22 (Nr. 8) an. Nach Ihnen müßte es da heißen: Daß er endlich dieselbigen . . . erwählen und im ewigen Leben ewig selig und herrlich machen wolle. So müßte es nach Ihnen heißen. Nein, hier wird die Wahl v o r Berufung und Rechtfertigung gestellt: daß er dieselbigen, s o e r e r w ä h l e t, berufen u. s. w. wolle. Erst die Erwählung, dann die Berufung, Rechtfertigung u. s. w., wie Paulus in Röm. 8. diese goldene Kette zeigt.

Past. Beyer: Vielleicht wäre es am besten, zu schweigen. Nur ganz kurz will ich ein paar Punkte anführen. Es kann nur zweierlei Menschen geben, solche, die selig werden, und solche, die nicht selig werden. Von welchen ist in § 5 die Rede? Von den Menschen allein, die selig werden. Das steht da. Ist nun von denen, die selig werden, allein die Rede und es wird erklärt: das sei der Artikel von der Wahl, daß Gott die zur Selig= keit erwählt habe, so kann alles das, was auch die Gottlosen mitbegreift, gewiß nicht zum Artikel von der Wahl gehören, und alles das, was Allen gilt, kann, insofern es allgemein ist, nicht zur Wahl gehören, sondern nur insofern es die Leute betrifft, welche selig werden. Darum glaube ich auch, die acht Punkte, die von der Ordnung handeln, betreffen hier an diesem Platz nur die, welche selig werden, sofern sie auf diesem Weg von Gott zur Seligkeit geführt werden. Darum heißt es immer: „uns", „wir". Sodann möchte ich darauf aufmerksam machen, daß eben in der Epitome Artikel 10 also lautet: „Wer nun sich also mit dem geoffenbarten Willen Gottes bekümmert, und der Ordnung nachgehet, welche St. Paulus in der Epistel an die Römer gehalten, der zuvor den Menschen zur Buße, Erkenntniß der Sünden, zum Glauben an Christum, zum göttlichen Gehorsam weiset, ehe er vom Geheimniß der ewigen Wahl Gottes redet, dem ist solche Lehre nützlich und tröstlich." Da wird ausdrücklich geschieden die Lehre von der Wahl und die Lehre von Buße, Erkenntniß der Sünde, Glauben an Christum, Gehorsam. Diese Stücke sollen vorausgehen. Die sollen, sofern sie allen Menschen gepredigt werden, „zuvor" getrieben werden. Aber wenn es nun an den Artikel von der Wahl kommt, dann soll offenbar nur geredet werden von den Kindern Gottes. Wenn wir das recht ins Auge fassen, könnte es auf einen Weg bringen, der uns zusammenführt.

Past. Körner: Ich halte es für meine Pflicht zu sagen, wie ich in dieser Lehre stehe; oder mit andern Worten: welche Ueberzeugung ich in Folge dieser Verhandlungen und von Privatgesprächen gewonnen habe. Was meine Stellung zu den an die Opponenten gestellten Fragen anlangt, so halte ich, daß die Wahl sich allein über die Gott wohlgefälligen Kinder Gottes erstreckt. Was die Wahl selbst betrifft, so ist sie die Verordnung dieser Kinder Gottes zur Seligkeit, nichts Anderes. Und hinsichtlich der acht Punkte halte ich, daß dieselben nur Bezug nehmen auf diejenigen, die Gott zur Seligkeit verordnet hat; so gewiß es andererseits ist, daß Gottes Gnadenwille allgemein ist.

Past. Engelbrecht: Dieser 5te § sollte die Opponenten überzeugen, daß ihr Begriff von der Wahl nicht da hinein paßt. Die ordinatio mediorum sei der Hauptheil der Wahl, sagen sie, sei allgemein, komme auch als allgemein in Betracht. Nun sagt § 5: Die ewige Wahl Gottes gehet allein über die Kinder Gottes; er schließt also die Andern aus, es heißt ja: „gehet nicht zumal über die Frommen und Bösen", „sondern allein über die Kinder Gottes." Also wo paßt der Begriff, den die Opponenten von der Wahl haben, hin? Er paßt nicht da hinein. Das ist so klar wie die Sonne.

Prof. Pieper: Ich will kurz auf das eingehen, was Past. Rohe gesagt hat. Past. Rohe meint: es sei durch diese Auffassung, nach welcher die Erlösung zum Grund der Wahl gemacht werde, die Erlösung losgetrennt. Ich begreife nicht, wie man so argumentiren kann. Es wird so dargestellt, als ob das Willkür sei, wenn man annimmt, die Erlösung sei der Grund der Wahl. Aber diese Auffassung erzwingt das Bekenntniß selbst. Es legt sich in § 75 selbst so aus, die Wahl sei auf Christi Verdienst gegründet:

„Und weil unsere Wahl zum ewigen Leben nicht auf unser Frömmigkeit oder Tugend, sondern allein auf Christus Verdienst und gnädigen Willen seines Vaters gegründet ist" . . ., und § 8 heißt es: „die ewige Wahl Gottes . . . ist aus gnädigem Willen und Wohlgefallen Gottes in Christo JEsu eine Ursach, so da unsere Seligkeit . . . schaffet . . . darauf auch unsere Seligkeit also gegründet ist." Das Verdienst Christi ist also der Grund, und es ist demnach durchaus nicht eine willkürliche Auffassung, wenn man bei den acht Punkten die Erlösung als Grund auffaßt. In den acht Punkten werden nur die einzelnen Dinge vorgestellt, die ein Christ betrachten muß, wenn er richtig von seiner Wahl denken soll. Will ich richtig von meiner Wahl denken, so muß ich an meine Erlösung, meine Rechtfertigung u. s. w. denken. Es heißt immer „uns", „uns", „uns", nämlich uns Christen, die wir fragen nach unserer Wahl. Und das Allgemeine erklärt sich so, daß ja die Christen gar nicht wissen können, daß sie erlöst sind, wenn ihnen nicht gesagt wird, daß das ganze menschliche Geschlecht erlöst sei. Es ist hier in den acht Punkten darauf abgesehen, daß wir bei dem „uns" denken: wir sind erlöst, wir sind berufen, gerechtfertigt u. s. w., und indem wir das bedenken, erkennen wir Gottes Willen und unsere Wahl. Was Dr. Walther aus § 22 anführte: „daß er endlich dieselbigen, so er erwählet, berufen . . . hat", beweist klar, daß es hier von vornherein abgesehen ist auf die Person derer, die selig werden. Gerade an solchen Worten muß man halten und darf nicht so schnell über dieselben weggehen.

Past. P. H. Holtermann: So weit ich die Sache betrachte, gehöre ich zu den „Opponenten". Nicht freilich willige ich in alle Ausführungen. Aber ich muß darauf hinweisen, daß nach ihrer Ueberzeugung in § 5 nicht die Definition enthalten ist. Die Gegner widersprechen sich. Zuerst hat man gesagt: die Definition sei in §§ 13—24 („Lehre und Wehre" 1880); in Chicago hat man wieder anders gesagt, die acht Punkte seien ein integrirender Theil; jetzt thut man, als ob die acht Punkte gar nicht in die Wahl gehören. Ferner ist gesagt worden: das sehe man als die Hauptsache an, auf die es ankomme, daß wir uns dem Synergismus zuneigen. Den verabscheuen wir aber so gut wie unsere Gegner. Man bemühe sich ferner, die Ehre Gottes zu retten. Das wollen auch wir. Es sind auf der andern Seite Ausdrücke gefallen, als ob Gott nicht ernstlich die Seligkeit aller Menschen wolle; man könnte das durch eine Menge von Citaten erweisen. Und gerade das ist es, warum wir allen Ernst anwenden zu müssen glauben.

Past. Allwardt: In Chicago wurde der Gedanke fallen gelassen, daß in § 5 der ganze Begriff der Wahl enthalten sei. So sprach sich z. B. Past. Fick aus. Es ist wahr, wenn mans kurz fassen will, so kann man sagen: die Wahl ist die Verordnung der Kinder Gottes zur Seligkeit. Aber das ist nicht alles, was die Concordienformel davon sagt. In § 24 heißt es: „Dieses alles wird nach der Schrift in der Lehre von der ewigen Wahl Gottes zur Kindschaft und ewigen Seligkeit begriffen." Und in § 9 heißt

es: „Dieselbe . . . ist auch nicht also blos in dem heimlichen, unerforsch=
lichen Rath Gottes zu betrachten, als hielte solche nicht mehr in
sich.“ . . . Man soll also die Wahl nicht so verstehen, als sei nicht mehr
darin begriffen: dieses „mehr“ sind nach meiner Meinung eben die acht
Punkte. Das Wort „Auserwählte“ im 8. Punkt hat mir allerdings zuerst
Schwierigkeiten gemacht, wie ich es fassen solle, und ich faßte es so: § 5
sagt, daß die Wahl allein über eine Anzahl von Personen gehe. Es ist das
aber ein Satz, der an sich, ganz nackt betrachtet, schrecklich ist. Nun läßt
das Bekenntniß das stehen: die Wahl geht nur über eine Anzahl, und läßt
nun diesen Gedanken von der particulären Wahl immer nebenher laufen,
und zeigt, wie es zu einer Auswahl gekommen ist; und so wird in Punkt 8
der Gedanke von § 5 wieder aufgenommen: diese Auserwählten hat er be=
schlossen selig zu machen, heißt es am Schluß. Wenn diese acht Punkte
so zu fassen wären, wie Sie sie fassen, dann müßte es nach dem ersten
Punkt, nämlich im zweiten, heißen: daß Gott denen, welche er erwählt hat,
„solch Verdienst und Wohlthaten Christi durch sein Wort und Sacrament“
anbieten lasse. Aber es heißt: „uns“, einfach: „uns“, d. i. dem mensch=
lichen Geschlecht. Die andern Punkte handeln auch nicht blos von den Er=
wählten, da eine Bedingung dabei steht: „wenn es (das Wort) . . . gehört
und betrachtet wird.“ Wer das Wort nicht hört, nicht in die Kirche, son=
dern in die Schenkstube geht, soll sich nicht zu den Auserwählten rechnen.
In Punkt 4 heißt's wieder: daß er alle die, so in wahrer Buß durch rech=
ten Glauben Christum annehmen. . . . Wenn blos von den Auserwählten
die Rede wäre, müßte es einfach heißen: daß er sie — ohne „so“ — an=
nehmen wolle. Aber es heißt: „alle die, so“, nämlich, die zum Glauben
kommen. Also hier ist der Weg schlechthin gezeigt, ohne Rücksicht auf die
Auserwählten; aber zu dem Zweck, zu zeigen, wie die Auserwählten zur
Seligkeit kommen.

Past. Beyer: Ich will nochmal darauf aufmerksam machen, auch hier,
bei den acht Punkten, steht vorher: wenn man von der ewigen Wahl . . .
der Kinder Gottes recht und mit Frucht gedenken oder reden will.
Also nicht, wenn man von der Wahl der Mittel, wenn man von allgemeinen
Dingen, wenn man von der Verdammniß der Gottlosen reden will, sondern
von der Wahl und Verordnung der Kinder Gottes zum ewigen Leben, dann
soll man sich gewöhnen: was? nicht blos vom heimlichen Rath Gottes zu
sprechen, sondern: was denn? wie der Rath, Fürsatz und Verordnung
Gottes in Christo JEsu . . . belangend unser Erlösung, Beruf, Gerecht=
und Seligmachung, zusammengefaßt werde. Wie werden die zusammen=
gefaßt? Antwort: daß Gott das menschliche Geschlecht erlös't hat u. s. w.
Ich will gewiß sein von meiner Wahl. Woher weißt denn du, armer Beyer,
daß der liebe Gott dich auch bedacht hat, und daß du auch in den Himmel
kommst? Da soll ich mich da hineinflechten, wenn ich höre, daß das mensch=
liche Geschlecht erlös't sei durch Christum, der uns mit seinem unschuldigen

Gehorsam ... das ewige Leben verdienet habe. Wenn wir aber dieses „uns" auf die Auserwählten beziehen, dann leugnen wir also, daß Christus für die Gottlosen gestorben ist? Keineswegs. Sondern ich betrachte jetzt meine Wahl. Diese Punkte sind alle dazu da, daß ich meiner Wahl gewiß werde; sie zeigen, wie Gott mich armen Sünder durchführe kraft meiner Wahl zur ewigen Herrlichkeit und Seligkeit.

Prof. Crämer: Es ist mir von Herzen darum zu thun, daß die Brüder bekehrt werden, und ich habe ihnen gar keine Intention untergeschoben, sondern nur ihre Thatsachen vorgehalten. Wenn die Brüder bald so, bald so reden, handelt sichs doch auch darum, daß das schlummernde Gewissen geweckt werde. Das war meine Absicht. Und das that ich so einfältig, daß es jeder Bauer verstehen kann. Ich wollte mich nur an ihr Gewissen wenden. Ich freue mich nur, wenn sie nicht aus dem Geist der Lüge — unterbrochen.

Nach einer kurzen Pause sprach:

Prof. Pieper: Es handelt sich darum, wie das „uns" hier zu fassen sei. Das hat Past. Allwardt ganz eigenthümlich erklärt. Es sind da acht Punkte genannt. Diese acht Punkte könnte man in der Dogmatik in eigenen Locis abhandeln. Denken wir uns eine Dogmatik, in welcher diese Loci von der Bekehrung, Rechtfertigung 2c. abgehandelt werden. Diese Loci zusammengenommen, sagen wir acht, bilden diese die Lehre von der Wahl, oder gehören sie in sie hinein, insofern gehandelt wird von 8 von einander verschiedenen Locis? Hat man die Lehre von der Wahl, wenn man auf diese acht Loci hinweis't? Antwort: Nein, sondern man hat acht Loci, welche handeln von Bekehrung u. s. w. Und doch kommen diese acht Loci bei der Wahl in Betracht, so daß ich sagen kann: indem ich von diesen acht Locis rede, rede ich von der Wahl. Wenn ich nämlich gefragt werde: was sollen wir bei der Lehre von der Wahl bedenken, um die richtigen Gedanken von der Wahl zu fassen? so antworte ich: Ihr sollt denken an eure Erlösung, Berufung, Rechtfertigung, Heiligung 2c., und indem ich so von Erlösung, Berufung u. s. w. rede, rede ich wirklich von der Wahl und führe auf die rechten Gedanken von der Wahl. Was folgt daraus? Daraus folgt, daß hier dieses „uns", welches im ersten Punkt vorkommt, nicht zu fassen ist von dem ganzen menschlichen Geschlecht; sondern dieses „uns" sind diejenigen, welche nach ihrer Wahl fragen, welche unterrichtet werden von ihrer Wahl, und nicht das ganze menschliche Geschlecht. Freilich muß ich denen sagen, daß das ganze menschliche Geschlecht erlös't sei, damit sie es auf sich anwenden.

Past. Ernst: Daß die Beschlüsse von der Erlösung, Berufung, Gerecht- und Seligmachung wirklich die Wahl genannt werden können, beweise ich mit Chemnitz. Er sagt, diese vier Beschlüsse seien die Summa der Wahl. Also kann es nicht widersinnig sein, jene Beschlüsse Wahl zu nennen. Er sagt nicht: ich will euch eure Wahl beschreiben. Es wird hier nicht von solchen geredet, die gewiß werden sollen, daß sie erwählt sind. In § 5 kann unmöglich die Definition der Wahl gegeben sein. Es heißt: Wahl sei Gottes Verordnung zur Seligkeit. Das ist eine bloße Worterklärung und keine Begriffsbestimmung. Dann ist darauf Acht zu geben, was das Be= kenntniß in diesem § 5 und § 8 sagen will. Es soll der Unterschied zwischen Präscienz und Prädestination angegeben werden und zwar gegen den Cal= vinismus. Dieser hielt beides für identisch. Das Vorauswissen beruhte ihm eben auf der Vorausbestimmung. Nein, sagt das Bekenntniß; so ist es nicht. Das Vorauswissen geht über alles, aber die Erwählung allein über die Kinder Gottes. Ferner sei es nicht so, daß die Präscienz causativ sei, wie die Calvinisten lehren, die Präscienz wirkt nicht das Böse, wohl aber wirkt Gott alles Gute. Und nun erst wird angegeben, was die Wahl sei. Die soll man nicht im heimlichen Rath Gottes betrachten; da bekäme man nicht den rechten Begriff von der Wahl, wenn man blos sagte: dieser und jener ist erwählt. Diese so „nude" betrachtete Verordnung ist es, was das Bekenntniß abweist §§ 9, 10 und 11. Wäre in § 5 die Definition gegeben, so wäre damit jener abgewiesene Begriff (electio nude considerata) als der rechte Begriff von der Gnadenwahl hingestellt. Und nun sagt die Concordienformel in den §§ 13—23, welches der Begriff der Wahl sei. Und: „dieses alles", so heißt es in § 24, „wird nach der Schrift in der Lehre von der ewigen Wahl . . . noch unterlassen werden." Allerdings heißt es hier: „in der Lehre von der ewigen Wahl"; aber vorher heißt es: „ewige Wahl", darum ist beide Mal dasselbe gemeint. „Dieses alles" fällt also unter jenen Begriff („begriffen") von der Wahl. Es ist nicht so, daß in der Concordienformel die Erlösung als die Grundlage aller andern Beschlüsse hingestellt wäre. Zu dieser Auffassung ist kein Grund vorhan= den. Es steht die Erlösung in derselben Reihe mit den andern Punkten. Sodann heißt es „uns", da sollen nur die Erwählten gemeint sein. Ich kann nicht begreifen, wie man dieses „uns" anders als auf das menschliche Geschlecht bezieht. Dieses ist Subject. „Uns", d. h. wir Menschen alle sind erlös't. In Punkt 2 soll das „uns" wieder nicht das menschliche Ge= schlecht meinen. Hernach freilich ist nicht mehr von Allen die Rede. Die allgemeine Gnadenordnung realisirt sich eben nicht an Allen. Wer glaubt, wird selig. In Punkt 8 kommt: erwählen. Das kommt daher, weil im 7. Punkt von den beharrlich Gläubigen die Rede war. Das sind die Aus= erwählten.

Dr. Walther: Ich will ganz kurz darauf aufmerksam machen, daß die Concordienformel sagt, es müsse die Darlegung der Gnadenwahl eben so geschehen, wie der Apostel es thut, Röm. 8. Eph. 1. Der redet auch nicht blos von dem Geheimniß der Wahl. Wie lauten da die Worte? Folgendermaßen: „Wir wissen aber, daß denen, die Gott lieben, alle Dinge zum Besten dienen, die nach dem Vorsatz berufen sind. Denn welche er zuvor versehen hat, die hat er auch verordnet, daß sie gleich sein sollten dem

Ebenbild seines Sohnes" u. f. w. Hier werden alle die Lehren auch genannt, die die Concordienformel nennt. Aber etwa, um zu lehren, was Gott im Allgemeinen an der Welt thut? Nein. Das hat der Apostel in den vorigen Kapiteln auseinander gesetzt. Jetzt redet er davon in Beziehung auf die Auserwählten. So auch Eph. 1, 3. ff. Es heißt hier: wie er „uns" erwählet hat, das ist das „uns" der Concordienformel. „Daß wir sollten sein heilig", = die Heiligung; „zur Kindschaft" = Rechtfertigung. Da werden alle diese Rathschlüsse und Thaten Gottes auch genannt; aber immer in Beziehung auf die Auserwählten. Jedoch will ich gleich erklären: das würde mich nicht trennen von den Opponenten, wenn sie sich nicht davon überzeugen könnten, daß in diesen Stellen nur von den Auserwählten geredet wird. Sie irren. Aber das würde mich, wie gesagt, nicht von ihnen scheiden; denn das ändert die Lehre von der Gnadenwahl gar nicht. Das thut jeder von uns, daß er erst von der Erlösung, Berufung ꝛc. spricht. Jeder fängt mit dem allgemeinen Gnadenrathschluß an. Es ist ein Mißverstand des Textes der Concordienformel von Seiten der Gegner; aber Niemand glaube, daß ich würde großen Streit anfangen, wenn Jemand sagt: Ich muß auch vom allgemeinen Gnadenrathschluß reden. In der Epitome heißt es ja: ehe man vom Geheimniß der ewigen Wahl Gottes rede, müsse man von Buße u. f. w. reden.

Da sich im Verlauf der Verhandlungen mehr und mehr herausgestellt hatte, daß eine Verständigung derer, die jetzt noch oppositionell einander gegenüber stehen, bei dieser Conferenz nicht zu erwarten stehe, so war man beiderseits geneigt, diese Verhandlungen jetzt abzubrechen. Es verzichteten daher auf beiden Seiten die angemeldeten Redner auf ihr Wort und so brachte nur noch Dr. Walther mit Beziehung auf eine den Chemnitz betreffende Aeußerung der Opponenten folgende Berichtigung an:

Dr. Walther: Chemnitz handelte im „Examen" durchaus nicht in ausführlicher Weise von der Prädestination. Er will sie gar nicht darstellen; sondern er hat zuvor gesprochen davon, daß die Papisten sagen: Niemand könne seines Gnadenstandes gewiß sein. Nachdem er sie widerlegt hat, sagt er: sie sprechen, Niemand könne gewiß sein, ob er selig werde. Und nun bringt er nicht mehr vor, als nöthig ist, um zu beweisen, daß man auch seiner Erwählung gewiß sein könne.

Auf die erhobene Frage, wie lange man noch zusammenbleiben wolle, wurde geantwortet: Wir wollen allermindestens noch zwei Sitzungen abhalten, und wollen nicht eher aus einander gehen, als bis wir wissen: wer ist unser Glaubensgenosse?

Dieser von Dr. Walther gemachte Vorschlag wurde angenommen, dagegen wurde ein anderer Vorschlag, der auf eine Abendsitzung abzielte, damit man am folgenden Tag nur noch eine Vormittagssitzung habe, abgelehnt.

Vertagt mit dem Gebet des HErrn. G. Fackler, Secr.

Dritte Sitzung.

Mit dem üblichen liturgischen Gottesdienst wurde die Sitzung eröffnet. Um durch Verlesung des Protokolls der ersten und zweiten Sitzung nicht zu viel Zeit zu verlieren, wurde

beschlossen, dasselbe einer Committee zur Durchsicht zu übergeben, bestehend aus Prof. Pieper, Pastor Stöckhardt, Pastor Rohe und Pastor Allwardt.

Past. Stöckhardt: Wäre es nicht das Nächstliegende und Beste, um die kurze Zeit, die wir haben, auszubeuten, wenn wir bei § 5 stehen blieben und § 8 hinzunähmen? Diese beiden sind aber in § 5 der Epitome, dem 4. Punkt, zusammengefaßt. Alle andern Punkte wären dann auszuschließen.

Past. Allwardt: In Bezug auf die Frage, die wir gestern besprochen, möchte ich noch Folgendes sagen: Wenn wir noch einmal darüber reden, wie die Concordienformel, namentlich Chemniß, das Wort Wahl nimmt, so glaube ich, daß wir doch ein Recht haben, namentlich auf andere Schriften von Chemniß hinzuweisen. Vor der Concordienformel gab es keine zwei Weisen, Tropen, von der Gnadenwahl zu reden, aber gerade diese Weise, wie sie die Concordienformel hat, läßt sich ziemlich weit zurückführen. Schon 1564 hat Wiegand unter diesem Begriff das ganze Werk, dem menschlichen Geschlecht zu helfen, mit eingeschlossen. Dann Chemniß in seinem „Examen"; dann die Straßburger Concordia. Alle diese fassen, wenn sie davon reden, alles zusammen, so daß sie die Wahl nicht nach der engsten Bedeutung nehmen. Wenn wir das, was uns entgegengehalten wurde, darauf anwenden wollen, so trifft es diese ebenso. — Ich meine, das Interesse, das Sie haben, ist dieses: Sie wollen allen Synergismus und Pelagianismus abschneiden. Dasselbe Interesse habe ich auch. Aber ich glaube nicht, daß Sie das gerade durch diese Mittel erreichen. Es kann Einer glauben, daß Gott auch zur Berufung erwählt hat, und er kann vom Glauben doch synergistisch reden. So würde das kein Riegel dagegen sein. Man denke an die Calvinisten, die alles menschliche Werk streng aus der Wahl ausschließen wollten, und doch brauchen sie Ausdrücke, in denen sie von den natürlichen Kräften des Menschen reden. Das hat sie also doch nicht gehindert, solchen Pelagianismus zu lehren.

Prof. Pieper: Ich meine, wir haben gar nicht darüber zu urtheilen, welche Weise die beste sei, um den Synergismus auszuschließen. Wir fragen: was sagt die Schrift hiervon? Redet die Schrift so, daß die Wahl eine Verordnung zur Berufung, Bekehrung u. s. w. ist, so haben wir einfach dabei zu bleiben und wir können uns nicht damit trösten, daß auch auf andere Weise aller Synergismus ausgeschlossen wird. Diese Schriftstellen, welche alle geistlichen Güter auf die ewige Wahl Gottes zurückführen, so daß man mit Recht von einer Wahl zur Berufung, Bekehrung ꝛc. reden kann,

die stehen klar und deutlich vor uns. Ja, alle diese Stellen müssen uns
Donnerkeile sein. Wenn man es mit Gottes Wort ernst nimmt, muß man
Furcht und Schrecken haben, davon abzugehen. — Ich habe wiederholt auf
§ 45 hingewiesen, da wird klar und deutlich gesagt, daß Gott sich eines jeden
Christen Bekehrung hat angelegen sein lassen und darüber Rath gehalten
u. s. w. Da wird doch gerade dieser Gedanke ausgedrückt, Wahl zur Be=
kehrung, welcher Ausdruck unsern Gegnern so anstößig ist. — Was den Hin=
weis auf die Schriften vor der Concordienformel betrifft, so bin ich fest
davon überzeugt, daß Past. Allwardt sie ganz falsch versteht. Das können
wir aber hier nicht ausmachen, wir haben keine Zeit dazu. Allerdings reden
diese Stellen wie die Concordienformel in den 8 Punkten, aber sie wollen
nicht die logische Ordnung anzeigen, sondern, daß die Wahl sich auf Christi
Verdienst gründet; auf Grund dessen werden die Erwählten berufen. Das
zu beweisen, ein kurzes Wort von Chemnitz aus dem locus de causa peccati.
Er sagt, daß die Wahl die besondere Handlung Gottes sei in den Auser=
wählten, wodurch er sie berufe, rechtfertige, selig mache.

Präses Schwan: Wir haben uns in Chicago vereinbart, daß wir
jetzt nicht mit der Autorität der Väter disputiren wollen. Dabei wollen
wir auch hier bleiben, da dies die Fortsetzung jener Conferenz ist.

Dr. Walther: Man sagt, daß man von gegnerischer Seite allen
Calvinismus und Synergismus fern halte. Wie kommt es aber, daß man
sagt, es komme auf das Verhalten des Menschen an? Warum wird es an
uns verdammt, daß wir das leugnen? Wie kommt es, daß man sagt, Gott
habe in Folge des vorausgesehenen Glaubens erwählt? So lange diese
Reden nicht widerrufen werden, können wir nicht glauben, daß man solches
Interesse hat. Im Gegentheil, man muß behaupten, daß damit Synergis=
mus entschieden ausgesprochen wird. Wenn man nur so spräche wie die
Dogmatiker des 17. Jahrhunderts, würden wir glauben, daß nichts Syner=
gistisches mit aufgenommen werden sollte. Diese Theologen haben aber
diese Ausdrücke nicht gebraucht, viel weniger ein Chemnitz, ein Selnecker.
Hätte Chemnitz die Ueberzeugung gehabt, daß dieser locus im Enchiridion
sich zum Bekenntniß eigne, so hätte er ihn aufgenommen. Er hat aber
vieles weggelassen, z. B. alles das, was sich auf die Nichterwählten bezieht.

Past. Allwardt: Wenn gesagt würde, daß Gott bei der Wahl auf
unser Verhalten gesehen, oder auf Grund unsers Verhaltens erwählt habe,
so verwerfe ich das entschieden und will mit denen, die das behaupten, keine
Kirchengemeinschaft haben. Wenn unsere Alten sagen, daß Gott intuitu
fidei erwählt habe, welchen Ausdruck ich nicht billige, so kann ich nicht ein=
sehen, daß das Synergismus in sich schließt. Daß der Glaube in Betracht
kommt, ist kein Synergismus, sondern hierbei ist die Frage: wie kommt
der Glaube zu Stande, wie wird er erhalten?

Past. Kolbe: Past. Allwardt ist im Irrthum, wenn er sagt, uns wäre
die Hauptsache, unsere Gegner vor Synergismus und Pelagianismus zu

bewahren. Das haben wir wohl auch im Auge, aber die Hauptsache ist uns, den 11. Artikel der Concordienformel und Gottes Wort zu bewahren.

Past. Rohe: Es wird von der gegnerischen Seite behauptet, daß Gott aus der ganzen Masse der Menschheit ohne Rücksicht auf den Glauben und Unglauben eine Anzahl Menschen herausgenommen und bestimmt habe, daß diese zum Glauben kommen u. s. w. Damit meint man bei der Concordienformel zu bleiben. Die Concordienformel sagt allerdings in § 8: „Die ewige Wahl . . . befördert." Da ist zu merken, daß sie nicht sagt: Die ewige Wahl Gottes ist eine Ursache unsers Glaubens; auch nicht dessen, was den Glauben wirkt, sondern einfach unserer Seligkeit und alles dessen, das zur Seligkeit gehört. Ich muß wissen, was das ist, was die Concordienformel Wahl nennt, wovon sie etwas aussagt. Das sagt sie in §§ 13 bis 24. Denn da heißt es: „Derwegen, wann man von der ewigen Wahl . . . recht . . . gedenken oder reden will, soll man sich gewöhnen, daß . . . die ganze Lehre . . . zusammengefaßt werde." Nun muß ich sagen, daß auch die 8 Punkte von diesem Satz abhängen. Das sagt die Concordienformel bestimmt, was zu diesem Vorsatz, zur Wahl gehört. Dann wiederholt sie das in § 23, und sagt: nicht allein, sondern auch. Damit lehrt sie: das erste Stück gehört nicht nur dazu, sondern auch das zweite. Hier heißt es: „Und hat Gott in solchem seinem Rath . . . nicht allein ingemein die Seligkeit bereitet, sondern hat auch alle und jede Person . . . zur Seligkeit erwählet." Und das ist die Ursache unsrer Seligkeit. § 24 setzt sie hinzu: „Dieses alles wird nach der Schrift . . . begriffen." Wer eins von diesen Stücken wegläßt, hat einen andern Begriff von der Wahl. Die Concordienformel versteht nicht diesen Beschluß über einzelne Personen als Wahl, sondern den ganzen Beschluß von der Seligmachung des menschlichen Geschlechts. §§ 65 und 66 wird uns das ebenfalls gezeigt. Da heißt es: „das ist mein lieber Sohn . . . den sollt ihr hören." Mit diesen Worten wird uns die Wahl offenbart. Was ist also die Wahl, was schließt die Concordienformel in die Wahl ein? Diesen Willen des Vaters, daß man den Sohn hören soll. Ferner: „Und Christus spricht: Kommet zu mir alle . . . erquicken." Hier wird weiter angeführt, wodurch diese Wahl vom Himmel offenbar gemacht wird. Da spricht der Sohn Gottes seinen Willen aus, daß er einen Jeden erquicken möchte. „Und vom Heiligen Geist . . . wird selig werden." § 67: „Christus aber, als der eingeborne Sohn Gottes . . . verkündigt." Damit sagt die Concordienformel: indem Christus uns den Willen des Vaters verkündigt, lehrt er uns unsere Wahl. „Nämlich da er sagt: Thut Buße . . . herbeikommen." Das ist also ein wesentliches Stück der Wahl, daß wir dem Evangelio glauben sollen. „Item, er sagt: Das ist der Wille . . . ewige Leben." In diesen Worten ist nicht die Rede von einem Beschluß über einzelne Personen, daß sie zum Glauben kommen sollen, sondern es heißt: wer an den Sohn glaubt, soll das Leben haben. „Und abermals: Also hat Gott die Welt geliebet ꝛc." Mit diesem Spruch verkündigt uns Christus unsere ewige Wahl. Was ist nun in allen diesen Stellen die Wahl? Nicht der Beschluß über einzelne Personen, aus welchem der Glaube fließt, sondern der ganze Rath Gottes von unsrer Seligmachung.

Past. Stöckhardt: Es würde zu lange währen, alle diese Behauptungen zu widerlegen. Es gibt in der Concordienformel bestimmte Punkte, über die man streiten kann, aber auch Punkte, die so klar sind, daß man nicht begreift, wie auch ein Unklarer auf die Dauer diesem klaren Lichte trotzen kann. Dazu gehören auch §§ 5 und 8 und § 5 in der Epitome. Der lautet so: „Die Prädestination aber ... nicht überwältigen können." Da wird zweierlei über die Wahl Gottes ausgesagt. Erstens, daß sie allein über die Frommen geht, also particulär ist; zweitens, daß sie eine Ursache der Seligkeit der Erwählten ist. Hier findet sich die präciseste Fassung, die sich geben läßt. „Die eine Ursache ist" 2c. ist noch deutlicher als: und sie ist 2c. Dasselbe Ding, das über die Kinder Gottes geht, ist eine Ursache ihrer Seligkeit. Man kann wohl durch langes Studium verwirrt werden, aber wie man auf die Dauer dem klaren Wortlaut trotzen kann, ist unbegreiflich. Wenn die Gegner sagen, daß man auch hier einen doppelten Begriff der Wahl annehmen müsse, so kann man nicht mehr verhandeln.

Prof. Pieper: Past. Rohe hat gesagt, die Wahl sei kein Beschluß über einzelne Personen. So kann auch der Glaube keine Wirkung derselben sein. Ich glaube auch; ist das die Ueberzeugung der Gegner, so können wir jetzt mit ihnen nicht weiter handeln. Gerade das, daß die Wahl über einzelne Personen geht, ist so klar ausgesprochen, daß, wenn es geleugnet wird, eine Verwirrung herrschen muß, die wir jetzt nicht heben können. Ich muß immer wieder hinweisen auf § 45. „Wie er mich dazu bringen", das sind doch gewiß bestimmte Personen! — Ich möchte ferner antworten auf Past. Allwardt's Einwand, er könne nicht sehen, wie der Ausspruch, Gott habe erwählt intuitu fidei, Synergismus einschließe. Dies wird sofort klar, wenn der Begriff der Wahl richtig gefaßt wird, so daß sie sich nicht nur auf gewisse Punkte im Christenleben oder gar bloß auf das Endurtheil bezieht. Läßt man diesen falschen Begriff fahren und faßt man den Begriff richtig, als sich auch beziehend auf die Berufung, Bekehrung u. s. w., dann liegt es sofort auf der Hand, daß die Einführung der fides Synergismus in sich schließt. Nehme ich z. B. die Bekehrung heraus. Dann bekehrt Gott in Ansehung des Glaubens. Daß der Mensch glaubt, wird Veranlassung dazu, daß er berufen, bekehrt wird. Da man auch hier nach jener Theorie den Glauben einfügen muß, so ist es klar, daß der Glaube zum Werk gemacht wird. Die Bekehrung ergreift man nicht im Glauben, wie die Rechtfertigung. Auch die Wahl ist keine Handlung Gottes, welche auf gleicher Linie mit der Rechtfertigung oder dem Urtheil des jüngsten Tages liegt. Wenn man das festhält, leuchtet es ein, wie durch das intuitu fidei genau genommen Synergismus droht. Man muß sich da immer verwahren, wenn man nicht in Synergismus gerathen will. — Herr Past. Rohe hat bei § 8 eins vergessen, nämlich daß da steht „in Christo JEsu eine Ursache." Was wird also hier vorausgesetzt? Was wird als der Grund dieser Wahl angegeben? Das Verdienst Christi. JEsus Christus mit seinem Verdienst muß da sein, und um Christi willen ist die Wahl eine Ursache 2c. Es ist also nach dem Bekenntniß nicht so zu fassen, daß die Wahl erst das Verdienst Christi zu Wege bringe. So will man sich einen weiten Begriff von Wahl sichern, aber das ist gegen die Concordienformel.

Dr. Walther: Ich erinnere an Folgendes: Past. Rohe hat den § 8 vorgelesen und zu erweisen gesucht, daß die Wahl nicht die Ursache des Glaubens sei. Er hat dabei in ganz wunderlicher Weise den Glauben von den Worten ausgeschlossen „und was zu derselben gehört, schaffet ... befördert." Da sei der Glaube nicht gemeint, sondern das, was, wenn der Mensch im Glauben stehe, zur Seligkeit helfe 2c. Eine entsetzliche Willkür! Und warum hat er die Stelle hinweg gelassen: „Und es wurden gläubig, soviel ihr zum ewigen Leben verordnet waren"? Warum setzt die Concordienformel das hinzu? Deswegen, um eben zu sagen, daß der Glaube Folge der Wahl und die Wahl Ursache des beständigen Glaubens ist. Das ist doch unmöglich zu leugnen. — Zum andern beging Past. Rohe eine petitio principii, als er die 8 Punkte einführte als einen Beweis, daß die allgemeinen Rathschlüsse über alle Menschen ein Theil des Gnadenwahlrathschlusses sei. Das muß bewiesen werden. Das ist eben die Frage. Hier steht unter 1) „uns". Wer wird so sonderbar sein, zu glauben, daß das das menschliche Geschlecht sei? Müßte denn, wenn diese Anschauung die richtige wäre, die Concordienformel nicht fortfahren: der demselben u. s. w., d. i. dem menschlichen Geschlecht? Nein, es heißt uns. Man sieht daraus, daß das, daß die Welt erlöst sei (nicht würde), blos deswegen aufgenommen und vorangestellt ist, damit die folgenden Worte als der erste Punkt dastehen, daß wir, die gläubigen Kinder Gottes, in Christo eine Gerechtigkeit haben, die vor Gott gilt. — Aber ich muß sagen, die Krone hat Past. Rohe sich selber aufgesetzt, da er sagt: die Wahl ist der Wille des Vaters, daß man den Sohn hören soll, und: sie ist nicht ein Beschluß über einzelne Personen. Ich hätte nicht geglaubt, daß ein Gegner so weit gehen würde, zu gestehen, er glaube keine Wahl, sondern nur einen allgemeinen Rathschluß Gottes. Wir glauben auch daran und stellen den weit über die Gnadenwahl, denn wir sehen die Gnadenwahlslehre nur für eine solche Lehre an, die sonderlich tröstlich ist in Anfechtung; aber es kann einer ein guter Christ sein und nie davon gehört haben und aus aller Anfechtung herauskommen. Daß wir jetzt so viel davon reden, kommt daher, daß wir angegriffen worden sind, nicht weil wir die Gnadenwahlslehre über alle Lehren stellen. Nein, wir stellen sie nach; erst den allgemeinen Gnadenrathschluß. — Es wäre zu wünschen, daß Past. Rohe das widerrufe. Denn in § 65 u. ff. und § 27 u. ff. wird nicht der Begriff der Wahl erklärt, sondern gesagt, wie unsere Wahl uns offenbart wird. Sie wird uns dadurch offenbar, daß wir berufen werden; noch mehr, wenn wir dann auch gerechtfertigt werden, zur Taufe, zum Abendmahl kommen, absolvirt werden. Da wird die Wahl offenbar, und nur der Teufel hält die Leute ab, wenn sie berufen werden, noch zu zweifeln, daß sie erwählt sind. Das sollten alle glauben. Es scheint, daß die lieben Gegner glauben, daß sehr wenige unter denen, die Gottes Wort hören, auserwählt sind. Sie denken, das mache die Leute unsicher, wenn man ihnen sagt: Gott hat nur eine gewisse Anzahl auserwählt. Wenn es falsch dargestellt wird, kann es freilich diese Wirkung haben. Wir aber predigen: Ihr werdet jetzt berufen; wenn ihr Zweifel habt, so laßt ihn fahren. Wie dürft ihr daran zweifeln, daß Gott es ernst meint? So gewiß ihr berufen seid, so gewiß sollt ihr glauben, daß ihr auserwählt seid. Die Gnadenwahl ist nicht wie eine dunkle Gewitterwolke, die über den Christen schwebt. Nein, das ist sie nur, wenn sie in calvinistischer Weise vorgetragen wird, aber nicht, wenn nach der Concordienformel. Dann ist sie eine tröstliche Lehre. Sie bleibt 1) bei dem Haupttrost, dem allgemeinen Gnadenrath; dann 2) thut die Gnadenwahl noch einen besondern Trost hinzu und sagt: du darfst nicht bloß denken, daß du in Gnaden stehst; du hast auch die Verheißung, daß du im Glauben erhalten werden sollst, daß dich nichts aus Christi Gnadenhand reißen soll. Gott hat dich zum Leben verordnet, das sollst du glauben. Dasselbe thun auch die lieben Apostel. Sie reden die Christen alle als Auserwählte an, und zwar darum, daß sie es glauben sollen, sie seien erwählt.

Past. Rohe: Ich habe die Gnadenwahl nicht geleugnet. Ich habe gestern fortwährend davon geredet. Sie schließt aber die ordinatio mediorum und die electio personarum in sich.

Past. Ernst: Past. Rohe hat ein Wort ausgelassen, wohl nicht mit Willen. Ich weiß, daß er wirklich eine Auswahl glaubt. Er hat „blos" ausgelassen. Die Gnadenwahl ist nicht blos ein Beschluß über einzelne Personen, hätte er sagen sollen. Das konnte in der Debatte leicht passiren.

Dr. Walther: Past. Rohe hat auch gesagt: Die Wahl ist der Wille des Vaters, daß man den Sohn hören soll. Daraus sieht man, daß er diese ganze Stelle ganz mißversteht. Da wird davon allein geredet, wodurch ich gewiß werden kann, daß ich erwählt bin. Und er hat daraus construirt: das ist die Lehre von der Wahl. Ich bin überzeugt, daß Herr Past. Rohe das nicht hat sagen wollen, was er gesagt hat. So klug ist er doch, daß er wußte, er würde sich dadurch verrathen. Aber er hat eine andere Vorstellung von der Wahl. Eine andere Lehre schwebt ihm vor. Ehe er es sich versieht, kommt das heraus, was in seiner Seele lebt. Denn wenn die Gnadenwahl nichts weiter ist, als das Urtheil Gottes über einen Menschen, von dem er voraussieht, er bleibt bis ans Ende im Glauben: der soll selig werden — dann gibt es keine Wahl. Dazu brauchen wir keine Wahl. Das haben wir in der Lehre von der Rechtfertigung. Es ist nur Täuschung, wenn die lieben Herren das Wahl nennen. Es ist bei Past. Rohe nur eine aequivocatio, wenn er das Wahl nennt. Der 3. Artikel der Concordien= formel hat das schon gesagt; aber wir haben hier einen besonderen, den 11ten.

Prof. Pieper: Ich gebe noch nicht alle Hoffnung auf, daß wir uns wenigstens mit einigen unsrer lieben Gegner verständigen können; aber ich glaube, gegenwärtig ist nichts mehr zu erreichen. Sie hängen an gewissen Sachen fest, die es ihnen unmöglich machen, uns nur zu verstehen. Und wiederum geht es uns so, wir verstehen sie nicht. Sie bringen es fertig, daß sie sich einen einheitlichen Begriff der Wahl denken können, dessen erster Theil allgemein ist, dessen zweiter aber sich nur auf die Auserwählten be= zieht. Das bringen wir nicht fertig. Ich möchte vorschlagen, daß wir die Lehrverhandlungen jetzt aufgeben und die zweite Frage kurz erörtern, die wir ihnen vorlegen wollten.

Dr. Walther: In Milwaukee haben wir einmal dieselbe Aeußerung vernommen. Ach, wenn sich das die lieben Gegner doch einmal eine Veran= lassung werden ließen, nochmals ihre Lehre nach Gottes Wort und dem Bekenntniß zu prüfen!

Past. Rohe: Ich habe gesagt, daß die Concordienformel unter Wahl die ordinatio mediorum und die electio personarum verstehe. Das geht daraus hervor, daß sie solche Sprüche anführt, wie den erwähnten, und sagt: damit verkündigt uns Christus den Willen des Vaters, und also auch unsre Wahl.

Dr. Walther: Wie stehen Sie zu diesen beiden Sätzen: 1) die Wahl ist der Wille des Vaters, daß man den Sohn hören soll? 2) sie ist kein Be= schluß über einzelne Personen?

Past. Rohe: Ich sehe das wirklich so an, daß dieser Wille des Vaters, daß man den Sohn hören soll, ein Stück der ordinatio mediorum ist.

Dr. Walther: Sie haben eine falsche Lehre hier öffentlich ausge= sprochen. Liegt es nur an Schwachheit, so wollen wir Sie nicht verketzern, aber wir wollen auch nicht dazu stillschweigen.

Past. Allwardt: Ich habe dasselbe vermißt, was Alle vermißt haben. Past. Rohe hat unter andern diese Worte gebraucht. Seine Rede war an= stößig, weil er das Genannte wegließ. Die Versammlung sollte damit zu= frieden sein, wenn er das erklärt. Es ist schwer, vor einer so großen Ver= sammlung seine Gedanken klar zusammen zu fassen.

Past. Rohe: Was den zweiten Satz betrifft, so ist es mir nicht in den Sinn gekommen, daß es keinen Beschluß über einzelne Personen gebe; son= dern das, was die Concordienformel in § 8 Wahl nennt, das ist nicht dieser Beschluß über einzelne Personen allein, sondern es muß die ordinatio me= diorum hinzugenommen werden; und von diesem ganzen Begriff der Wahl sagt sie aus, daß sie eine Ursache 2c. sei.

Prof. Pieper: Die Sache steht noch so: Past. Rohe leugnet, daß die Wahl, welche über die Kinder Gottes, über bestimmte Personen geht, eine Ursache sei ihrer Seligkeit und was zu derselben gehört.

Dir. Zucker: Wäre es nicht das Richtige, wenn wir das in Betracht zögen: Unsere Opponenten haben einen andern Begriff von der Wahl. Wenn wir meinen, die Gegner sind gefaßt, etwas zugestehen zu müssen, entschlüpfen sie wieder. Das führt zu keinem Resultat. Eine öffentliche Versammlung ist der ungeeignetste Ort, daß jemand zurecht gebracht werden soll, der sich verrannt hat. Brechen wir daher lieber ab und fragen wir, wie unser Verhältniß zu einander in Zukunft sein soll.

Past. Beyer: Ich glaube, daß wir das erst ins Reine bringen sollten, was vorgelegen hat, daß die Aussage von Past. Rohe schlank und rund zurückgenommen werde. Er hat zweimal erklärt: die Wahl ist nicht der Beschluß Gottes über einzelne Personen, sondern der allgemeine Gnadenwille. Nehme er diesen einfachen Ausdruck zurück, wenn er ihn nicht glaubt; alle weiteren Erklärungen sind nichts. Die einfache Aussprache: das glaube ich nicht, würde befriedigen.

Past. Rohe: Wenn der Satz so gelautet hat, als hätte ich damit behaupten wollen, die Gnadenwahl sei weiter nichts als der allgemeine Heilsrath, dann verwerfe ich ihn.

Prof. Pieper: Past. Rohe kann sich von seinem Standpunkt aus nicht anders erklären, als er sich erklärt hat.

Dr. Walther: Aber Past. Rohe hat auch die Worte gebraucht: die Wahl ist der Wille des Vaters, daß man den Sohn hören soll.

Past. Rohe: Diese Worte sind allerdings falsch, so wie sie lauten, aber ich habe sie zurecht gestellt. Den Willen des Vaters zu hören ist ein integrirender Theil der ordinatio mediorum.

Beschlossen, daß wir jetzt die Lehrverhandlungen abbrechen und zur zweiten Frage übergehen, die unser Verhältniß zu einander betrifft.

Vorsitzer: Wenn wir über unser gegenseitiges Verhältniß reden wollen, so müssen wir folgende Fragen stellen: 1) Die ihr bis jetzt noch Glieder unsrer Synode seid, wie steht ihr zu denen außerhalb unsrer Synode, die uns öffentlich verketzern? sind die eure Gesinnungsgenossen oder nicht? 2) Seht ihr uns als solche an, die Calvinisten sind oder Ansätze zum Calvinismus haben? 3) Wollt ihr, so lange ihr Glieder der Synode seid, eure Ansicht von der Gnadenwahl auch in den Gemeinden zur Geltung bringen, oder wollt ihr davon schweigen, bis wir zu einem oder dem andern Resultat gekommen sind?

Prof. Crämer: Sollte das nicht auch ein Punkt sein: ob sie die Schriften unsrer Gegner ferner verbreiten wollen oder nicht? Es ist Thatsache, daß es geschieht und zwar so, daß Einfältige dadurch verwirrt werden.

Dr. Walther: Namentlich nicht in fremden Gemeinden. Denn auch das geschieht. Wir wollen sie nicht zu Ketzern machen, so weit ist es noch nicht, aber wir wollen auch unsre Gemeinden nicht zerstören lassen. Wenn wir glauben, was wir predigen, können wir nicht ruhig zusehen, wenn das Gegentheil davon gesagt und unsre Gemeinden vor uns gewarnt werden.

Prof. Crämer: Ich wünschte, daß sie auch darüber gefragt würden, ob sie denn nichts thun wollen, daß sie mit uns einerlei Rede führen können, oder ob sie mit solchen Männern, die ihnen helfen können, verhandeln wollen?

Past. Stöckhardt: Mir scheint das das Natürliche, daß diese Frage 4 vorgelegt wird, und daß dann die Conferenz bestimmt, wie mit ihnen verhandelt werden soll.

Dr. Walther: Sie könnten auch selbst gefragt werden, ob und wie wir zusammen bleiben können. Wenn es nicht wider unser Gewissen ist, werden wir mit tausend Freuden darauf eingehen.

Frage 1.: Wie stehen unsere geehrten Opponenten zu denen, die außerhalb unserer Synode sich befinden und offenbar eine feindliche Stellung gegen uns einnehmen, wie Prof. Schmidt, Stellhorn, Loy?

Past. Allwardt: In Bezug auf die 1. Frage, was die Lehre betrifft, wie sie von Prof. Schmidt u. s. w. geführt wird, daß nämlich Gott zur Seligkeit erwählt habe in Voraussicht des Glaubens, ex praevisa fide, intuitu fidei, wenn man den üblen Beigeschmack des Wortes abrechnet, muß ich im Ganzen und Großen dieser Seite beistimmen. Was hingegen die Lehre auf Seite der Synode betrifft, so kann ich derselben nicht beistimmen. Ich kann nicht eine Wahl zur Berufung, Bekehrung, zum Glauben lehren. Ich kann sie nicht für recht halten; finde sie nicht in den Bekenntnißschriften unsrer Kirche, sondern bei den Reformirten. Was einzelne Ausdrücke betrifft, so kann ich hier nicht sagen, daß ich alles unterschreibe, was von ihnen geschrieben ist, es ist mir nicht gegenwärtig genug. Wenn sich synergistische Ausdrücke finden, da gehe ich nicht mit. Wenn des Menschen Seligkeit auf ihm stehen soll, so kann er nicht selig werden. Das halte ich für einen Grundirrthum. Loy's Schriften habe ich nicht ordentlich gelesen. Wenn ich mich erinnere, erwähnt er des Menschen Verhalten doch nur in dem Sinn, als der Mensch Gottes Gnade an sich hindern kann durch sein Verhalten gegen die Gnadenmittel. Wenn er aber sagen will, daß sich der Mensch aus eignen Kräften zur Gnade recht verhalten kann, gehe ich nicht mit. — Wenn die Missouri-Synode calvinistisch genannt wird, so billige ich das nicht. Ich sage aber auch: ich halte diese Lehre für zum Calvinismus hinleitend. Ich halte es für Unrecht, daß man Personen hart angreift. Damit habe ich auch die zweite Frage beantwortet. — Ich kann eine Lehre finden bei einer Körperschaft, die gesund ist im Glauben, und sage: diese Lehre ist ein Ansatz zu einer falschen Lehre. Ich finde, daß dieser Ausdruck: „Wahl zum Glauben" calvinistisch sei.

Dr. Walther: Das ist gerade so, wie die Methodisten auch sagen, wenn wir die reale Gegenwart des Leibes und Blutes Christi im Abendmahl lehren: das ist papistisch. Die Papisten sagen, daß Luthers Schrift gegen Zwingli das Beste sei, was in der Sache geschrieben sei. Ist deswegen Luther ein Papist, weil die sich in diesem Stück zu ihm bekennen?

Paſt. Allwardt: Ich muß noch hinzuſetzen: Ich bin 16 Jahre Glied der Miſſouriſynode; habe meinen Unterricht in derſelben empfangen und ich kann mein Herz nicht von ihr losreißen, ſo daß ich ſie als Feindin anſehen kann. Was mein ferneres Verhalten gegen die Synode betrifft, ſo wird mein Ziel immer noch das ſein, daß ein Einverſtändniß erzielt werde. Wir ſtimmen nicht in dieſer Lehre, das weiß alle Welt. Ich muß beſtimmt auf die Fragen antworten. Ich werde der Synode immer dankbar bleiben und verſuchen, ob es nicht auch in dieſer Lehre zu einer Verſtändigung kommen kann.

Paſt. Dörmann: Es thut mir von ganzem Herzen leid wegen der innigen Gemeinſchaft und der vielen Wohlthaten, die ich von der Synode genoſſen habe; aber mein Gewiſſen erlaubt mir nicht, anders zu ſtehen, als Paſt. Allwardt im Weſentlichen ausgeſprochen hat.

Paſt. Rohe: Ich muß daſſelbe ſagen. Ich bin in dieſer Synode auferzogen, unterrichtet, ordinirt und ins Amt eingeführt. Ich habe ihr nächſt Gott alles zu verdanken, was ich von chriſtlicher Erziehung habe. Ich habe das ganze Jahr hindurch dieſe Lehre geprüft, aber ich kann zu keiner andern Ueberzeugung kommen. Dieſe Perſonenwahl zum Glauben kann ich für nichts andres erkennen, als für einen calviniſtiſchen Sauerteig. Ich will frei heraus ſagen, was meines Herzens Meinung iſt.

Paſt. Kunz: In Betreff der Lehre, muß ich bekennen, will ich nicht anders ſcheinen, als ich bin, daß ich eine andere Ueberzeugung als die Synode habe. Schon vom zweiten Jahr an bin ich Glied der Synode; ich danke für allen Segen. Wider das Gewiſſen kann man nicht reden. Und wie geſagt, ich will auch nicht anders ſcheinen, ſondern ſo, wie ich in meinem Herzen fühle.

Paſt. Ernſt: Ich muß mich zu der Lehre bekennen, wie ſie auf jener Seite iſt, ich kann, heute wenigſtens, noch nicht zu der Wahl zum Glauben mich bekennen. Jene Lehre kann ich nicht anders nennen, als wenigſtens einen Anſatz zum Prädeſtinatianismus, wie man auf der andern Seite in unſrer Stellung Synergismus ſieht. Ferner bekenne ich mich durchaus nicht zu allen einzelnen Ausdrücken, die geſchrieben worden ſind. Wenn Prof. Schmidt mit „Verhalten" das ſagen will, es habe der Menſch eine aptitudo zur Bekehrung, wenn er da nicht allein auf das muthwillige Widerſtreben hinweiſ't, kann ich mich zu jenem Ausdruck nicht bekennen. Zu allem Perſönlichen kann ich mich nicht bekennen. Ich glaube nicht, daß irgend jemand hier ein Calviniſt iſt. Ich glaube, daß man einen Gedanken ausgeſprochen hat, der nicht der Schrift und dem Bekenntniß entſpricht. Die ganze Art und Weiſe überhaupt, daß dieſer Streit öffentlich ausgebrochen iſt, iſt nicht nach meinem Sinn.

Dr. Walther: Prof. Schmidt hat mir Theſen und Antitheſen eingeſandt ſchon vor Ausbruch des öffentlichen Streites. Da lautet ſeine Antitheſis zu Theſis 3: „Als nächſten Grund und Norm hat die Erwählung im

4

engsten Sinn allerdings das verschiedene Verhalten des Menschen gegen die allgemeine Gnade zu ihrer Voraussetzung." Ist das nicht Synergismus?

Past. Holtermann: Ich stimme im Wesentlichen dem auch bei, was Past. Allwardt sagt. Ich sehe in der Wahl zum Glauben einen Ansatz zum Calvinismus. Ich gebe auch in gewissem Sinn eine Wahl zur Berufung und zum Glauben zu, aber nur insofern, daß Gott gesehen hat: wenn ich das am Menschen thue, kommt er zum Glauben. Aber nicht, daß Gott erst die Personen ausgeschieden hat. So ungern ich mich von der Synode trenne, der ich ja auch viel zu verdanken habe, so erlaubt es mir doch mein Gewissen nicht, mit ihr zusammen zu gehen.

Past. Diemer: Ich habe mich im letzten Herbst zu Stellhorn bekannt. Ich stimme nicht mehr ganz mit dem, was er damals als seine Lehre vorgetragen hat. Ich stimme nicht damit, daß die Concordienformel eine Wahl im weiteren Sinne lehrt; ferner nicht damit, daß wir unsrer Erwählung ungewiß sein sollen. Was die Wahl intuitu fidei betrifft, so bin ich darüber noch nicht klar. Ich kann die Lehre der Synode nicht für Calvinismus halten.

Prof. Crämer: Ich glaube, daß es gar nicht nöthig war, daß Past. Diemer darauf antwortete. Er steht nicht auf dieser Seite; aber ich freue mich, daß er uns diese Erklärung gibt; ich danke und preise meinen Gott dafür.

Vorsitzer: Die 1. und 2. Frage ist damit schon beantwortet. Es folgt nun die 3te: Ob sie in ihren Gemeinden von ihrer Lehre schweigen wollen, und zwar so lange, bis es zu irgend einem Entscheid gekommen ist, daß sie entweder eins mit uns sind, oder uns erklären, wir stehen gegen euch?

Prof. Pieper: Ich glaube, die Frage ist nicht mehr in Ordnung. Die Gegner haben es klar und deutlich ausgesprochen, sie finden in unsrer Lehre Ansätze zum Calvinismus. So müssen sie diese Lehre in ihren Gemeinden bekämpfen und die Schriften in ihren Gemeinden verbreiten, von denen sie glauben, daß sie dazu dienen können.

Vorsitzer: Die Herren Opponenten haben sämmtlich erklärt, Gewissens halber könnten sie nichts anders sagen, als sie gesagt haben. Davon ist denn auch die natürliche Folge, daß sie das in ihre Gemeinden bringen.

Prof. Crämer: So lange sie das Gewissens halber festhalten müssen, und wir Gewissens halber das, so lange können wir nicht in Einem kirchlichen Körper sein.

Vorsitzer: Sie können sich ja selber aussprechen, aber verdächtigen wir uns nicht, wenn wir ihnen die Frage vorlegen?

Dr. Walther: Es ist etwas Großes, wenn die Gegner uns des Calvinismus zeihen. Wenn sie sagten: ihr irrt, ihr seid in einer falschen Exegese befangen, das würden wir mit dem größten Gleichmuth anhören. Sie haben aber einen odiösen Ketzernamen gewählt. Wenn der gewöhnliche Mann hört, das ist Calvinismus, denkt er, das muß etwas Schreckliches sein. Warum sagen sie nicht: das ist euer Irrthum? Sie müssen uns einen historischen Ketzernamen anhängen. Sie wissen ganz gut, daß wir den Calvinismus verabscheuen, verfluchen, verdammen, und daß das nur ihre subjective Ansicht ist, daß das zum specifischen Calvinismus gehört. Ich wünsche ihnen alles Gute, aber es ist schwere Sünde, daß sie uns diesen Ketzernamen angehängt haben. Freilich ist da ein Anderer die Hauptschuld, der ist ihr Führer.

Hierauf wurde die 3. Frage vorgelegt.

Dr. Walther: Es sollte sich hierbei hauptsächlich um die Antithese handeln. Ihre These können die Gegner nicht verschweigen, aber was die Antithese belangt, ist es noch fraglich, was ihr Gewissen verlangt. Sie können denken: was soll ich die Gemeinde darüber beunruhigen? ich bin überzeugt, daß sie dadurch nicht in Gefahr gebracht werden wird.

Past. Ernst: Ich habe bis heute noch nicht ein Wort davon in meiner Gemeinde gesagt. Wenn Andere es nicht hineingebracht haben, weiß man in meiner Gemeinde nicht, daß es einen solchen Lehrstreit gibt. Ich kann mich nur durch die dringendste Noth dazu bewegen lassen, ihr darüber Mittheilung zu machen. Aber wenn ich die Lehre verhandeln müßte, so würde ich meinen Austritt aus der Synode erklären. Wenn ich nicht dazu gedrungen werde, werde ich kein Wort davon in meiner Gemeinde reden.

Dr. Walther: Verwerfen Sie auch die Lehre, daß Gott erwählt hat auf Grund des vorausgesehenen menschlichen Verhaltens gegen die Gnade?

Past. Ernst: Ja, insofern als es vom Menschen abhängen soll, daß Einer zum Glauben kommt.

Dr. Walther: In Ansehung des gottlosen Verhaltens werden Leute verdammt, aber nicht in Ansehung des rechten Verhaltens kommen sie zu Gnaden und werden selig.

Past. Ernst: Nein, nimmermehr.

Da die Zeit verflossen war, vertagte man sich mit dem Gebet des HErrn. M. Hein, Secr.

Vierte Sitzung.

Dienstag Nachmittag, den 24. Mai.

Nach Beendigung des gewöhnlichen liturgischen Gottesdienstes wurden die Opponenten, die sich über ihr Verhalten in dem Lehrstreit in dem vorliegenden Punkt noch nicht ausgesprochen haben, aufgefordert, dies jetzt zu thun. Darauf erklärte

Past. Allwardt: Ich werde natürlich, wenn ich nach Hause komme, sagen, wie es hier gegangen. In meinen Predigten habe ich nie die Antithese behandelt. Nur wenn es der Text mit sich brachte, habe ich von dieser Lehre gepredigt; daß ich aber dann so predige, wie ich denke, versteht sich von selbst. Nach der Chicagoer Conferenz habe ich gleich darüber zu predigen Gelegenheit gehabt; ich habe aber nur thetisch gepredigt und nicht einmal die wirklichen Calvinisten genannt. Aber jetzt ist es anders. Meine

Ich weiß nicht, was jetzt geschieht. Ich kann die Synode nicht als Feindin behandeln, sondern nur die Lehre als solche ansehen, die nicht recht ist. Immer aber wünschte ich eine Thüre offen zu haben in die Synode zurück.

Past. Rohe: Die Sache ist mir Gewissenssache. Ich werde in Zukunft nach meinem Gewissen handeln. Das wird jeder recht und billig finden. Wo es mein Beruf mit sich bringt, werde ich so offen und frei reden, wie ich hier geredet habe.

Past. Dörmann: Auch ich habe heute erklärt, daß mir die Sache Gewissenssache ist. Ich habe in der Gemeinde über den Lehrstreit nie geprebigt, in der Predigt ihn nie berührt. Aber der „Lutheraner" kam in meine Gemeinde und ich werde in Zukunft nur nach meiner Ueberzeugung handeln können.

Prof. Crämer: Ich weiß von der Gemeinde des Past. Allwardt, daß ein Theil die Lehre kennt und in der Lehre mit uns stimmt, während Andere sie kannten und verwirrt worden sind. Ich kann mir nicht vorstellen, wie die Gemeinde es aufnimmt, wenn wir einen missourischen Pastor da haben, der anders lehrt.

Dr. Walther: Wir dürfen nicht vergessen, daß wir nicht das Kirchenregiment sind. Es handelt sich also nur um unser persönliches Verhältniß zu den Opponenten. Ich meine also, daß wir nicht von den Schritten reden sollten, die von Seiten des Kirchenregiments zu thun sind. Das ist nicht unsere Sache. Aber wir müssen natürlich wissen, wie wir selbst uns gegen die Herren Opponenten zu stellen haben, so daß wir es vor Gott verantworten können.

Past. Stöckhardt: Ich habe das Gefühl und Bewußtsein, daß die Sache schon entschieden ist. Wenn es der Opponenten gewisse Ueberzeugung ist, daß unsere Lehre calvinisch ist, die wir doch für heilige Gotteswahrheit halten, so ist alles Andere damit gegeben. Sie können nicht anders, als solche Antwort geben. Es wäre ganz anders gewesen, wenn sie gesagt hätten: ihr seid im Irrthum, wir halten eure Lehre für bedenklich. Aber wenn sie dieses schwerste Geschütz schon gegen uns richten, wozu da weiter verhandeln? Es klingt ihr Verhältniß aus ihren eigenen Worten schon heraus: sie hoffen wieder zu kommen.

Herr Kähler: Ich bin auch davon überzeugt, daß unsere Gegner das Tuch zwischen uns und sich bereits entzwei geschnitten haben. Sie haben unsere Lehre hier öffentlich als eine calvinische Lehre bezeichnet. Aber es wird doch gut sein, wenn wir aus ihrem eigenen Munde ihre eigene Antwort hören; denn es scheint mir, als ob unter den Opponenten noch ein Unterschied sei. Es ist furchtbar, daß unsere Gegner unserer Lehre gleich einen so schauerlichen Ketzernamen anhängen. Das ist so furchtbar, daß keine Worte es sagen können.

Es wurde nun die weitere Frage an die Opponenten gerichtet: Ob sie die Schriften unserer Gegner — worunter besonders gemeint sind:

„Altes und Neues", Prof. Loy's Schriften und Prof. Stellhorn's Schriften — in den Gemeinden verbreiten wollen.

Past. Rohe: Ich habe mit dem vorigen auch auf diese Frage geantwortet.

Vorsitzer: Weil diese Schriften Ihre Ueberzeugung enthalten, werden Sie dafür sorgen, daß diese Schriften in Ihrer Gemeinde verbreitet werden?

Past. Rohe: Das habe ich nicht gesagt.

Vorsitzer: In diesem Zusammenhang kann das nichts anderes heißen.

Past. Rohe: Ich bitte, nichts hineinzulegen, was ich selbst nicht sage. Ich sage, ich werde prüfen.

Prof. Crämer: Er kann nicht anders sagen nach seinem Gewissen.

Past. Beyer: Die Fragen sind deshalb gestellt, damit wir aus den Antworten sehen, ob eine Möglichkeit vorhanden ist, daß wir zusammen bleiben können. Sind sie aber dazu gestellt, so müssen die Antworten eine Garantie geben, daß wir nicht selbst schuld werden, daß das, was wir falsche Lehre nennen, in den Gemeinden weiter verbreitet werde. In solcher Antwort liegt aber gar keine Garantie. Deßhalb wünschen wir eine deutlichere Antwort. Wir müssen wissen, wie wir zu einander stehen. Alle Hinterthüren müssen zugemacht werden. Mit einem vollen Verständniß wollen wir auseinander gehen. Darum nur nicht unbestimmte Redensarten!

Herr Kähler: Die Antwort des Past. Rohe ist deutlich. Er sagt: eventuell werde er sie verbreiten, wenn es irgendwie die Umstände mit sich bringen, diese Schriften zu verbreiten. Das hat er mit seiner Antwort gesagt. Er droht nicht; aber er kann nichts versprechen.

Past. Ernst: Ich habe nicht diesen Ausdruck gebraucht: Calvinismus. Ich habe Prädestinatianismus gesagt, weil es eben das ist. Calvinismus ist mehr als das. Ich werde nichts davon sagen, wenn ich nicht dazu gedrungen werde; aber wenn es zur Entscheidung kommt, kann ich nicht anders als nach meinem Gewissen handeln, und es falsche Lehre nennen.

Past. Allwardt, nach einer besondern Aufforderung, sich zu erklären: Ich glaubte, diese Frage schon beantwortet zu haben. Ich weiß nicht, wie sich die Umstände gestalten. Ich werde auf jeden Fall nichts verbreiten, was nach meiner Ueberzeugung falsch ist. Wie ich zu der Lehre Professor Schmidt's stehe, darüber habe ich mich bereits ausgesprochen. Bisher habe ich Keinem „Altes und Neues" angepriesen. Einige haben es bestellt; da habe ich es für sie bestellt. Ich habe es für Keinen bestellt außerhalb meiner Gemeinde. Und was den Tractat betrifft und was noch kommen mag, da weiß ich noch nichts zu sagen. Ich gedenke überhaupt nicht, aggressiv vorzugehen.

Past. Dörmann: In meiner Gemeinde wird kein Blatt gelesen, kein uns, oder auf mich ausübt, ob ich die Schriften weiter verbreiten werde. Wenn meine Gemeinde ruhig bleibt, werde ich keine Anpreisung machen.

Past. Holtermann: Ich habe auch nur so gehandelt, daß ich habe kommen lassen, was bestellt war. Die Einen haben Dr. Walthers Tractat bestellt, Andere haben „Altes und Neues" bestellt. Das habe ich einfach be= stellt. Was in Zukunft geschehen wird? Ich denke, wenn die Umstände nicht wesentlich verändert werden, werde ich auch nicht wesentlich anders handeln.

Past. Engelbrecht. Ich verstehe die Opponenten so, als würden sie gerne in der Synode bleiben. Sie reden vom Druck. Ich kann das nicht begreifen. Ich meine, wenn sie uns calvinistisch nennen, haben sie es zum Bruch getrieben. Die Schuld wollen wir nicht auf uns haben.

Past. Hahn: Wenn unsere Herren Gegner nach einem Gewissen, das in Gottes Wort gefangen und gebunden ist, handeln, so müssen sie vor jeder Schrift, die nach ihrer Ueberzeugung falsche Lehre enthält, ernstlich warnen. Mein Lehrer fragte mich wegen „Altes und Neues". Ich gab ihm den Rath, er solle es nicht lesen. So thue ich auch in Zukunft. Aber „Altes und Neues", den „Lutheraner", die Tractate lesen lassen, das heißt: Wahrheit und Lüge mit einander verbreiten. Das ist nicht Gewissenhaftigkeit.

Es wurde nun die 5. Frage vorgebracht, ob die Gegner ernstlich suchen wollen, auf Conferenzen und sonstwie die Einigkeit mit uns wieder her= zustellen?

Herr Kähler: Ich muß gestehen, daß diese Frage überflüssig ist. Die Opponenten haben erklärt, daß sie eventuell die Schriften unserer Feinde verbreiten werden. Damit haben sie sich zu unsern Feinden gezählt. Also ist diese Frage überflüssig. Das ist jetzt vorbei. Man bedenke doch, was sie mit ihrer unbestimmten Bejahung auf unsere vorige Frage gesagt haben! Man denke, wie diese Gegner über uns schreiben. Keiner unsrer Gegner scheut sich, unsere ganze Synode calvinistisch zu nennen. Unsere Gegner sind aber bereit, diese Lästerschriften zu verbreiten.

Vorsitzer fragt die Opponenten: Sind Sie gesonnen, angesichts der Erklärung, die Sie gegeben haben, uns, die Glieder der Missourisynode, für Ihre Brüder zu halten?

Past. Allwardt: Ich weiß nicht, was die Frage für einen Inhalt haben soll. Es ist ein eigen Ding. Wir sind aufgefordert worden, zu erklären, wofür wir diese Lehre halten; und zwar sind uns die Worte in den Mund gelegt worden, ob wir sie für calvinisch halten, oder calvinische Ansätze darin sehen? Wir haben uns darüber erklärt und zu gleicher Zeit gesagt, wie leid es uns thut, daß wir in solchem Gegensatz stehen. Und ich habe erklärt, daß ich, auch wenn ich nicht bei der Synode bleiben könnte, dieselbe doch nicht als Feindin betrachten würde. Ich kann eben nur sagen, daß ich diese Lehre für falsch und unbiblisch halte. Ich weiß nicht, wie ich antworten soll. Die Brüder und Väter sind mir ans Herz gewachsen. Aber

Vorsitzer: Es ist bei mir, vielleicht auch bei vielen Andern, der Eindruck vorhanden, als ob Sie gerne in der Missourisynode blieben, trotzdem, daß Sie unsere Lehre nicht für die richtige halten, sondern für eine calvinistische. Darum möchte ich Sie fragen: Wollen Sie trotz der Erklärung, daß Sie uns in diesem Punkte für Calvinisten halten, dennoch in der Synode bleiben, und die Glieder der Synode für Ihre Brüder anerkennen? Ich glaube, die Frage ist sehr berechtigt.

Past. Stöckhardt: Ich kann mit dieser Frage nicht übereinstimmen.

Mehrere Stimmen: Ich auch nicht.

Prof. Crämer: Wir sollten sie nicht weiter drängen. Der Standpunkt ist klar. Sie haben das Band gelöst.

Vorsitzer: Ich bin zufrieden. Ich habe die Frage nicht ohne Ursache gestellt. Wenn die Opponenten nicht antworten wollen, so tritt die Nothwendigkeit an uns heran. Können wir unter den obwaltenden Umständen die Opponenten noch anerkennen? Sollen wir aus einander gehen, ohne daß wir wissen, wie wir stehen?

Past. Baumhöfener: Diese Frage hätten wir schon in Chicago stellen sollen; dann hätten sie nicht so viel thun können. Und wenn wir noch länger zuwarten, gehen die ganzen Gemeinden mit ihnen.

Past. Holtermann: Wenn ich sage: Ansätze zum Calvinismus, so ist das noch nicht Calvinismus. Es könnte etwas erzielt werden, wenn solche Sätze hinweggethan würden.

Past. Stöckhardt: Es war nothwendig, zu untersuchen, ob eine Grundlage für weitere Besprechungen vorhanden ist. Durch Ihre Aussprachen fällt diese Grundlage hin.

Ein Opponent: Wir haben ein deutliches Bekenntniß abgelegt und sonach alles gethan.

Dir. Krauß: Wir sind am Schluß und ich schlage vor, daß wir uns vertagen.

Prof. Crämer: Es ist damit erklärt: wir können weiter nichts thun; wir sind jetzt fertig.

Dr. Walther: Mir ist nur das Eine klar, daß wir die Herren Opponenten nicht mehr als unsere Mitarbeiter ansehen können. Ob sie unsere Brüder sind, darüber zu entscheiden wage ich heute noch nicht. Es wird sich zeigen, weil doch die Meisten nicht sich absolut ausgesprochen, sondern von den Umständen es abhängig gemacht haben. Aber so viel ist gewiß, sie führen eine andere Lehre, und mit einem solchen, wenn er wiederholt ermahnt ist, privatim und öffentlich, kann ich nicht mehr zusammen arbeiten. Also ich würde ihnen meine Kanzel nicht eröffnen. Was das für Folgen für die Präsides hat, das werden wir sehen. Ich kann Jemand für meinen Bruder ansehen, der irrt, wenn ich Zeugniß dafür habe, daß er aus Schwachheit irrt. Aber ich kann nicht mit ihm zusammen arbeiten. Denn wir arbeiten ja gegen einander. Und ich kann das vor Gott nicht verantworten.

Paſt. Ernſt: Das iſt auch mein Standpunkt. Ich halte die Glieder der Conferenz noch für Brüder. Ich glaube, ſie ſind in einem Irrthum befangen. Aber ich glaube nicht, daß ſie mit Wiſſen und Willen irren. Sie ſind irrende Brüder. Die Lehre iſt ein Irrthum; aber die Perſonen ſind irrende Brüder.

Dr. Walther: Meine Ueberzeugung iſt, daß ein Präſes es nicht zu= laſſen kann, daß ſie innerhalb unſerer Synode arbeiten, da ſie eine andere Lehre führen.

Vorſitzer: Wir können als Conferenz keine entſcheidenden Schritte thun. Aber es ſollte doch erklärt werden, daß die Lehrdifferenz uns ſcheidet. Was nachher folgt, haben die Diſtrictspräſides zu thun.

Prof. Pieper: Die von den Opponenten aufgeſtellten Antitheſen ſcheiden uns.

Beſchloſſen: daß wir die Gegner nicht als unſere Mit= arbeiter anerkennen können.

Hierauf wurde eine briefliche Erklärung von Paſt. Partenfelder gegen= über Prof. Stellhorn (um dieſem Satisfaction zu gewähren) ohne weitere Erklärungen vorgeleſen.

Zum Schluß wurde die Frage längere Zeit deliberirt, ob dieſe Confe= renzprotokolle gedruckt werden ſollen. Die Meinungen waren ſehr getheilt. Manche wollten nichts, Andere nur den zweiten Theil (Fragen und Ant= worten der Opponenten) gedruckt haben. Endlich war die Mehrheit dafür, daß Alles gedruckt werde, was denn auch zum Beſchluß erhoben wurde. Weil aber die Conferenz keine Zeit gehabt hatte, die Protokolle anzuhören und zu kritiſiren, ſo wurden die beiden Secretäre beauftragt, die Protokolle ins Reine zu ſchreiben und dieſe Reinſchrift einer Committee zuzuſenden, welche Namens der Conferenz die Protokolle prüfen ſolle. Dieſe Committee ſolle beſtehen aus vier Paſtoren, nämlich 1) Paſtor Herzer, 2) Paſtor All= wardt; wozu jeder dieſer Beiden ſich einen Zweiten ſeiner Partei aus= wählen ſolle.

Zugleich wurde beſchloſſen, die Protokolle „als Manuſcript" drucken und ſie unter uns vertheilen zu laſſen. Dazu wurde bemerkt, daß dies nicht in der Abſicht geſchehe, dieſe Druckſchrift Andern vorzuenthalten; ſondern lediglich um des kleinen Umfangs willen, den dieſelbe haben werde.

Betreffs der Grenzen, innerhalb welcher ſich die Kritik der ernannten Commiſſion zu halten habe, wurde feſtgeſtellt, daß die Glieder derſelben nichts Neues in die Protokolle hinein corrigiren dürfen; daß es ihnen aber geſtattet ſei, zu ſtreichen, was ſie für ſtreichbedürftig halten.

Nachdem noch den lieben Gemeinden von Fort Wayne der herzliche Dank der Conferenz für die gaſtliche Bewirthung votirt war, vertagte ſich die Verſammlung ſine die mit dem vom Vorſitzer geſprochenen Gebet des HErrn.
                                                J. Fackler, Secr.